David Tripolina

ANGEBER WORTSCHATZ

David Tripolina

ANGEBER WORTSCHATZ

Begriffe, mit denen du Eindruck schinden kannst

riva

Bibliografische Information der Deutschen Nationalbibliothek
Die Deutsche Nationalbibliothek verzeichnet diese Publikation in der Deutschen Nationalbibliografie. Detaillierte bibliografische Daten sind im Internet über http://dnb.d-nb.de abrufbar.

Für Fragen und Anregungen
info@rivaverlag.de

Originalausgabe
1. Auflage 2019

Nymphenburger Straße 86
D-80636 München
Tel.: 089 651285-0
Fax: 089 652096

Umschlaggestaltung: Marc-Torben Fischer
Umschlagabbildung: shutterstock.com/vectortwins, shutterstock.com/Ollyy
Layout: Laura Osswald
Satz: Carsten Klein, Torgau
Druck: CPI books GmbH, Leck
Printed in Germany

ISBN Print 978-3-7423-0853-5
ISBN E-Book (PDF) 978-3-7453-0493-0
ISBN E-Book (EPUB, Mobi) 978-3-7453-0494-7

Inhalt

Sprachwissen für Angeber ... 145

Register ... 202

Finis ... 208

A priori einige Bonmots

Jeder Mensch gilt in dieser Welt nur so viel,
als wozu er sich selbst macht.

Adolph Freiherr von Knigge

Es ist schön, unter angesehenen Männern
hervorzustechen.

Seneca

Ohne Arroganz wird kein großer Mann.

Arthur Schopenhauer

Prolog

Nur ein Satz. Ein einziger Satz. Dann wissen wir Bescheid. Parvenü oder Prekariat. Rumpliges Rumpfdeutsch oder elaborierter Code.

Im Zeitalter der Hipster lässt sich anhand von Äußerlichkeiten nicht mehr zweifelsfrei extrapolieren, ob es sich um einen intellektuellen Bohemien mit Löchern in der Jeans handelt oder um einen ungepflegten Asozialen.

Aber sobald die Person etwas sagt, können wir sie und ihr Milieu exakt einordnen.

Natürlich kennen wir alle die Sapir-Whorf-Hypothese. (Falls es tatsächlich irgendjemanden geben sollte, der sie nicht kennt: Sie besagt, dass die Sprache das Denken formt.) Darauf basiert die allbekannte, von Basil Bernstein entwickelte Defizithypothese: Bildungsferne Schichten teilen einen restringierten Code. Kurze Sätze, keine Fremdwörter, verstärkende Rumpflaute wie »Ey« am Ende des Satzes.

Auf der anderen Seite steht der Connaisseur von Welt, manchmal gönnerhaft-blasiert, dann wieder sophistisch-affektiert parlierend, in elaboriertem Gestus leichtfüßig offenbarend, dass er einer gebildeten Schicht angehört. Er besitzt etwas, was man sich mit Geld nicht kaufen kann: Eloquenz. Die machtvollste Waffe, die uns die Kulturgeschichte geschenkt hat – aus Hunderttausenden Wörtern die treffendsten zu wählen. Und ich meine nicht prätentiös oder sibyllinisch, sondern voller Galanterie wie ein verliebter Buttervogel im Lenz.

Mit anderen Worten: In diesem Buch lernst du geschwollen-blödsinnig rumzulabern. Ob du dich abends in epikurischer Runde für die Philoxenie bedankst oder im Büro apodiktische Noblesse exekutierst, nach der Lektüre dieses arroganten Machwerks werden dich alle für ein Genie halten und lobpreisen. Es würde mich nicht wundern, wenn dir in Zukunft sogar mit Apotheose begegnet wird.

Nonchalante Grüße,

Dr. h.c. h.c. David Tripolina

Angeberwörter für jede Gelegenheit

In einem Streitgespräch

Affront

Schmähung, Beleidigung

»Das ist ein Affront von Herrn Müller.«

Dieses heute noch gebräuchliche Wort für Brüskierung und Kränkung galt unter Offizieren als Grund für → Satisfaktion (S. 33) – durch das Werfen des Fehdehandschuhs etwa. Das Wort geht auf das lateinische *ad frontem* zurück – »zur Stirn hin«.

Allüren

Auffälliges Verhalten, Gehabe

»Spar dir deine Allüren.«

Interessanterweise ein Wort, das nahezu nie im Singular verwendet wird.

Antipathie

Abneigung

Gegenteil von Sympathie.

atavistisch

In Gedanken und Handlungen einem früheren, primitiven Stadium der Menschheit entsprechend.

»In deinem Verhalten, mein lieber Leon, erscheinst du mir atavistisch.«

Atavismus (von lateinisch *atavus*, »Urahn«), bezeichnet anatomische Merkmale, die bei entfernten stammesgeschichtlichen Vorfahren ausgebildet waren, heute aber keine Funktion mehr erfüllen. Bei Menschen ist das beispielsweise wollige Körperbehaarung (»Hypertrichose«).

Aversion

Widerwille

»Ich kann dir nur mit → Antipathie und Aversion begegnen.«

bigott

Scheinheilig

»Du beschwerst dich, dass ich Elke anbaggere, das ist total bigott.«

Blasphemie

Gotteslästerung

»Mich zu kritisieren fällt unter Blasphemie.«

Und natürlich unter § 166 StGB (»Gotteslästerungsparagraph«). Der Vatikan erließ eine einstweilige Verfügung gegen die Satirezeitschrift *Titanic*, die auf der Titelseite ein Bild des einnässenden Papsts und die Überschrift »Die undichte Stelle ist gefunden« zeigte.

Byzantiner

Unterwürfiger Schmeichler

Nach Hofzeremoniell mussten sich früher beim byzantinischen Kaiser alle einschleimen. Er hatte einen schwebenden Thron und duldete nur weiß gekleidete, kritiklose Eunuchen um sich. Wer sich ihm näherte, musste sich zu Boden werfen.

Contenance

Fassung, Haltung in einer schwierigen Lage

»Jetzt hätte ich fast meine Contenance verloren.«

Denn wir dürfen nie vergessen: In gehobenen Gesellschaftsschichten dient die Wahrung der Contenance der → Distinktion (S. 127).

despektierlich

Unangemessen, niederträchtig

»Du hast dich despektierlich verhalten.«

Despot

Herrische Person

»Du benimmst dich wie ein Despot.«

diabolisch

Teuflisch

»Dieses Foul war diabolisch.«

Dissens

Meinungsverschiedenheit

»Da liegt wohl ein Dissens vor.«

Rechtlich spricht man von verstecktem Dissens, wenn zwei Vertragsparteien hinsichtlich eines Vertrags unterschiedliche Auslegungen haben. Hier wird, das kann man bei Diskussionen immer wieder einstreuen, nach Treu und Glauben (§ 242 BGB) entschieden.

dissonieren

Nicht übereinstimmen

»Also in diesem Aspekt muss ich dir leider mitteilen, dass wir erheblich dissonieren.«

embetieren

Langweilen

»Deine Kommentare embetieren.«

Fauxpas

Taktlosigkeit

»Es war ein Fauxpas, dass sie ihre Brüste entblößte.«

Vom französischen *faux* (falsch) und *pas* (Schritt), ein unbeabsichtigter Verstoß gegen die Umgangsformen. Der elaborierte, stilvolle Bohemien erkennt am Fauxpas die lückenhafte Allgemeinbildung. Bitte nicht als → Affront (S. 12) verstehen.

gerieren

Sich aufführen

»Pardon, aber Sie gerieren sich gerade wie ein Vollidiot.«

Vom lateinischen *se gerere* (»sich betragen«).

impertinent

Unverschämt

»Der Kunde ist impertinent.«

geisttötend

Langweilig

»Sein Geschwätz ist geisttötend.«

Konsens

Übereinstimmung der Meinung

»Darin können wir leider keinen Konsens erringen.«

Konspiration

Verschwörung

»Die anderen Mädchen haben eine Konspiration gegen mich gestartet.«

Lapsus

Fehler, Ungeschicklichkeit

»Da ist mir wohl ein kleiner Lapsus passiert.«

larmoyant

Weinerlich

»Werd doch bitte nicht gleich so larmoyant.«

Malaise

Missstimmung

»Warum herrscht denn hier so eine Malaise, was ist passiert?«

maliziös

Boshaft

»Sie sind ein überaus maliziöser Mensch.«

molestieren

Beleidigen

»He! Molestieren Sie nicht so!«

neuralgisch

Besonders empfindlich

»Da hast du einen neuralgischen Punkt von mir getroffen.«

Neuralgie ist das medizinische Fachwort für Nervenschmerz.

notorisch

Offenkundig, berüchtigt

»Mein notorischer Widersacher.«

nuanciert

Differenziert, pointiert

»Ich konnte dich gar nicht verstehen, da du deine Argumente nicht ausreichend nuanciert vorgetragen hast.«

obskur

Fragwürdig

»Das sind äußerst obskure Argumente.«

Das Wort stammt von Obskurantismus, einem Vorläufer der heutigen Verschwörungstheorien. Deren Anhänger hießen Obskuranten (»Finsterlinge«).

obstinat

Starrsinnig

»Wie kann man nur so ein halsstarriges, widerspenstiges und obstinates Wesen sein?«

ostentativ

Provozierend

**»Hey, du da drüben.
Was guckst du denn so ostentativ?«**

Großartige Methode, eine U-Bahn-Schlägerei anzuzetteln.

Paria

Ausgestoßener

»Ich wurde behandelt wie ein Paria.«

Das Wort leitet sich ab von der Bezeichnung Paraiyar für eine untere Kastengruppe im südindischen Bundesstaat Tamil Nadu.

Parvenü

Emporkömmling

»Du elender Parvenü!«

Parvenü beschreibt einen in der ersten Generation zu Geld gekommenen Emporkömmling. Der oft als Schmähbegriff verwendete Ausdruck impliziert eine Diskrepanz zwischen der Zunahme an wirtschaftlichem und einer Nichtzunahme an kulturellem Kapital (»die Geissens«).

perniziös

Unheilvoll, bösartig

»Warum schaust du denn so perniziös?«

U-Bahn-Schlägerei-Anbahnung, Variante 2 (→ ostentativ, S. 21).

plebejisch

Zum Pöbel gehörend

»Kannst du deinen plebejischen Freunden mitteilen, dass sie verschwinden sollen?«

präpotent

Überheblich

»Die Haltung ist präpotent.«

Das erinnert an Kaiser Wilhelm II., der mit seiner Selbstüberschätzung der Inbegriff der Präpotenz war.

Proskynese

Demütige Geste

»Bitte nähere dich mir in Proskynese, Gustav.
Obwohl: Das genügt mir nicht.
Ich erwarte → Prostration (S. 24), du Lümmel.«

Prostration

Geste, bei der man sich vor dem Herrscher zu Boden wirft und flach mit dem Gesicht nach unten abliegt

Raison d'Être

Daseinsberechtigung

»Ich spreche dir jegliche Raison d'Être ab.«

redundant

Mehrfach vorhanden, wiederholt

»Langsam werden deine Ausführungen redundant, Rolf.«

Renitenz

Bockigkeit

»Spar dir deine Renitenz und räum dein Zimmer auf.«

den Rubikon überschreiten

Den entscheidenden Schritt tun

Herkunft vom Grenzfluss Rubikon, den Cäsar im Jahr 49 vor Christus überschritt und so einen Bürgerkrieg auslöste.

ränkesüchtig

Streitbar

»Du bist ränkesüchtig.«

... und → maliziös (S. 19), infam, perfide, niederträchtig und intrigant!

Schmähung

Beleidigung

»Derlei Schmähungen verbitte ich mir.«

Sagazität

Scharfsinn

»Ich zweifle an deiner Sagazität.«

Der Philosophie der Aufklärung galt ab Ende des 17. Jahrhunderts der Scharfsinn als wichtigstes erkenntnistheoretisches Vermögen des Verstandes.
Diesen Fakt im Gespräch einstreuen, leise seufzen und bemängeln, dass dies heute nicht mehr so ist.

sanktionieren

Mit Strafen belegen

»Ich werde deine doofen Kommentare angemessen sanktionieren.«

servil

Kriecherisch

»Mich stört dein serviles Wesen.«

Eine zart-freundliche Umschreibung für Arschkriecherei.

Süffisanz

Selbstgefälligkeit, Spott

»Am meisten nervt die Süffisanz zwischen deinen Worten.«

Das *Damen-Konversationslexikon* von 1834 bemerkt dazu: »Süffisance, jene Selbstgefälligkeit, die, sich stets selbst genug, selten anderen genügt – ein Egoismus, der sich selbst zum Spiegelbilde einer wonniglichen Betrachtung macht, ein geistiger Narziss, der sich selig vertieft in dem Anschauen seiner eigenen Gestalt.«

suspekt

Verdächtig

»Max ist mir suspekt.«

tolldreist

Frech

»So etwas Tolldreistes habe ich noch nie erlebt.«

Vendetta

Blutrache

»Er drohte mir mit Vendetta, wenn ich seine Playstation nicht zurückbringe.«

Vendetta ist der italienische Begriff für Rache. Zahlreiche Krimis tragen heute diesen Titel.

verknöchert

Geistig unbeweglich

»Das sind außerordentlich verknöcherte Ansichten.«

verquer

schräg

»Wie kommst du denn auf diese verquere Idee?«

vitiös

Bösartig, lasterhaft

»Das ist durch und durch vitiös.«

Zenit

Höchster Punkt

»Schau dich doch mal an,
du hast deinen Zenit längst überschritten.«

zotig

Derb, unanständig, obszön

»Spar dir deine zotige Art.«

Schon Martin Luther berichtete 1523 von derben, anzüglichen Witzen, den sogenannten Zoten. Bitte nicht verwechseln mit Limericks oder Knittelversen.

zynisch

Auf beißende Art spöttisch

»Das war wirklich eine ganz tolle Idee!«,
befand er zynisch.

Im Bett

amorph

Ohne feste Gestalt

»Gerts Hintern ist amorph.«

Apathie

Gleichgültigkeit

»Du befindest dich seit mehreren Jahren im Stadium der sexuellen Apathie.«

Die Medizin kennt Apathie beispielsweise als eine Phase vor der rasenden Wut bei Tollwut.

dolorös

Schmerzhaft

»Ich hatte gerade ein sehr doloröses Erlebnis mit meinen Eiern.«

formidabel

Beeindruckend

»Das hat du formidabel gemacht, Schatz.«

Frivolität

Schlüpfrige Äußerung oder Handlung

»Verzeih die Frivolität, aber dein Hintern ist umwerfend.«

Hospitaliät

Gastfreundlichkeit

**»Ich möchte kein Frühstück.
Aber vielen Dank für deine Hospitalität.«**

in medias res gehen

Zur Sache kommen

»Ich schlage vor, wir gehen in medias res.«

Das Gegenteil ist übrigens ein ausschweifender Einstieg (*ab ovo* – »vom Ei«, also von Anfang an).

klandestin

Heimlich

»Wollen wir beide mal ganz klandestin ins Schlafzimmer verschwinden?«

Libido

Auf sexuelle Befriedigung gerichteter Trieb

»Ich spüre einen Anstieg meiner Libido.«

obszön

In das Schamgefühl verletzender Weise auf den Sexual-, Fäkalbereich bezogen

»Dein Rock ist fast schon obszön.«

Bei dieser Gelegenheit stets darauf hinweisen, dass das → Bonmot (S. 126) »Warum rülpset und furzet ihr nicht, hat es euch nicht geschmacket?« fälschlicherweise Martin Luther zugeschrieben wurde.

Phallus

Männliches Glied

»Ich würde dann bei Gelegenheit den Phallus offenbaren.«

promisk, promiskuitiv

Mit häufig wechselnden Partnern Geschlechtsverkehr habend

»Du hast dich vor unserer Ehe auch eher promisk verhalten, oder?«

Satisfaktion

Genugtuung

»Ich kann mich nicht beklagen, die gemeinsam Zeit mit dir verschafft mir ausreichend Satisfaktion.«

Satyr

Sinnlich-lüsterner Mann

»Willi, du bist ein Satyr.«

Benannt nach einem Dämon aus der griechischen Mythologie.

Virilität

Männliche Zeugungskraft, Männlichkeit

»Für seine 40 Jahre besitzt Leon noch eine erstaunliche Virilität.«

Dabei (zumindest als Mann) stets darauf hinweisen, dass es sich nur um eine stereotype Rollenerwartung handelt, die im Allgemeinen für archetypisch gehalten wird.

In der Galerie, im Museum oder in der Ausstellung

Akribie

Sorgfalt, Genauigkeit

»Erstaunlich, mit welcher Akribie der Künstler gearbeitet hat.«

antizipieren

Vorwegnehmen

»Er antizipierte die Philosophie seines Gegenübers.«

Aphorismus

Sinnspruch

»Da fällt mir ein Aphorismus ein, ein Sinnspruch, ein wunderbares → Bonmot (S. 126), ein geniales → Aperçu (S. 71), eine tolle Sentenz: Die Erinnerung ist das einzige Paradies, aus dem wir nicht vertrieben werden können.« (Jean Paul)

äquivok

Doppelsinnig

»Dieses Kunstwerk erscheint mir äquivok.«

Das Gegenteil von univok.

Artefakt

Etwas von Menschenhand Geschaffenes

»Diese übergroße Breze ist ein wunderbares Artefakt.«

Aurea Mediocritas

Der goldene Mittelweg

»Die Bildkomposition orientiert sich an der Aurea mediocritas.«

desiderabel

Wünschenswert

»Es wäre desiderabel, diese Ausstellung mit dir gemeinsam sehen zu können.«

eidetisch

Bildhaft, anschaulich

Bei jedem Bild sagen: »Wunderbar eidetisch.«

ikonisch

Bildhaft

»Die Statue ist ikonisch.«

kongenial

In seiner Genialität ebenbürtig

»Das hat er alles seinem kongenialen Partner zu verdanken.«

Achtung: Kongenial wird häufig fälschlicherweise als Synonym oder Steigerung von genial verwendet. Es bedeutet jedoch lediglich »ebenso genial wie«.

konsistent

Beständig

In seiner Haltung muss der moderne Intellektuelle konsistent bleiben, also dieselben Phrasen verwenden wie immer.

lakonisch

Kurz und ohne große Erläuterung

»Seine Kritik äußerte er eher lakonisch.«

Bei der Gelegenheit fällt mir folgendes kleines → Aperçu (S. 71) ein:

Lakonien ist ein Landstrich der Peloponnes im antiken Griechenland, der von den wortkargen, lakonischen Spartanern besiedelt wurde.

Als Philipp II. von Makedonien mit seinem Heer nahte, sandte er folgende Drohung an die lakonische Hauptstadt Sparta: »Wenn ich euch besiegt habe, werden eure Häuser brennen, eure Städte in Flammen stehen und eure Frauen zu Witwen werden.«

Darauf antworteten die Spartaner: »Wenn.«

lege artis

Nach den Regeln der Kunst

»Diese Skulptur ist wirklich lege artis.«

Nach einem Urteil des Bundesgerichthofs ist der Behandlungsvertrag zwischen Arzt und Patient ein Dienstvertrag. Der Arzt muss keine Heilung versprechen, sondern nur »lege artis« agieren.

manieriert

Gekünstelt

»Wenn wir die volle Kraft unseres neu erworbenen Angeberwortschatzes nutzen, dann könnte unsere Rhetorik etwas gespreizt wirken, womöglich sogar manieriert.«

Memento

Mahnung

»Das Bild ist so ein kraftvolles Memento.«

Womöglich sogar ein *Memento mori* (lateinisch für »Sei dir der Sterblichkeit bewusst«), ein Symbol der Vergänglichkeit.

Œuvre

Gesamtwerk eines Künstlers

»Also, das Œuvre von David Tripolina ist einfach beeindruckend.«

Das bedeutendste Werk darin nennt man Opus magnum.

ominös

Unheilvoll, anrüchig

»Was hat es denn mit diesem ominösen Künstler auf sich?«

Reminiszenz

Erinnerung von einer gewissen Bedeutsamkeit

Bei jedem Bild sagen: »Das ist eine Reminiszenz an frühchristliche Motive.«

Retrospektive

Rückschau

»Es ist eine wundervolle Retrospektive seiner Werke.«

Rezeption

Wahrnehmung

»Ich wundere mich über Ihre Rezeption dieser Geschichte.«

saturiert

Satt

»Er ist ein typisch saturierter Durchschnittsdeutscher.«

Sentiment

Gefühl, Empfindung

»Mir fehlt jegliches Sentiment für dieses Kunstwerk.«

surreal

Traumhaft, unwirklich

»Die Farben sind surreal.«

Der Surrealismus war eine künstlerische Bewegung der 1920er Jahre. Ein bekannter Vertreter des kritisch-paranoischen Surrealismus ist beispielsweise Salvador Dalí.

Transkulturation

Einflussnahme einer Kultur auf eine andere

»In diesem Gemälde kommt die Transkulturation wunderbar zum Ausdruck.«

Voyeur

Jemand, der Lust am Betrachten empfindet

»Bei diesen Bilder werde ich regelrecht zum Voyeurist!«

Auf der Suche nach Komplimenten

Attitüde

Einstellung

»Mir gefällt deine Attitüde.«

Im Ballett bezeichnet Attitüde Posen auf einem Bein mit angewinkeltem Knie.

designiert

Für etwas vorgesehen sein

»Du bist der designierte Bierholer.«

ebenmäßig

Mit harmonischem Verhältnis der Teile zum Ganzen

»Deine Gesichtszüge sind wahnsinnig ebenmäßig.«

Edelmut

Edle Gesinnung

»Ich bewundere deinen Edelmut, Erwin.«

Ekstase

Verzückung

»Dein Anblick versetzt mich immer wieder in Ekstase.«

Eloquenz

Wortgewandtheit

»Er fesselte mich mit seiner Eloquenz.«

Dabei kommt es nicht nur auf Grammatik (Regeln) und Semantik (Bedeutung) an. Wie wir wissen, wird Sprachfertigkeit in vielen Kulturkreisen zur Bewertung des Bildungsstandes herangezogen.

eminent

Außerordentlich

»Es ist eminent wichtig, dass wir heute Abend noch in die Bar gehen.«

generös

Großzügig

»Sehr generös, Uschi.«

inaugurieren

Feierlich einführen

»Wir treffen uns hier, um dich in unseren Freundeskreis zu inaugurieren.«

Insistenz

Hartnäckigkeit

»Bernd sieht kacke aus, aber ich bewundere ihn für seine Insistenz.«

Nimbus

Besonderes Ansehen und Ruhm

»Er versprühte den Nimbus der Genialität.«

Nimbus ist auch ein Synonym für Heiligenschein.

platonisch

Nicht sinnlich

Vergiftetes Kompliment: »Ich fühle mich von dir sehr angezogen, aber eher platonisch.«

prosperieren

Sich gut entwickeln

»Unsere Unterhaltung prosperiert. Wir sollten sie fortsetzen.«

Singularität, technologische

Zeitpunkt, zu dem die künstliche Intelligenz die menschliche überflügeln wird

»Dich wird die Singularität wohl erst im Jahre 2090 ereilen.«

Derzeit erwarten Experten die technologische Singularität im Jahr 2062.

spektabel

Sehenswert, ansehnlich

»Deine Beine sind spektabel.«

subtil

Mit großer Sorgfalt, dezent

»Sehr subtil, dass du bei deinem Hemd vier Knöpfe offen hast.«

Temperenz

Enthaltsamkeit, Mäßigung beim Alkoholgenuss

**»Ich bewundere deine Temperenz.
Erst vier Gin Tonic heute.«**

unprätentiös

Bescheiden

**»Es ist wunderbar, wie unprätentiös
Franck Ribéry lebt.«**

zelebrieren

Feiern

»Wollen wir diese freudige Nachricht zelebrieren?«

Im Beziehungsgespräch

affektiert

Gekünstelt, geziert

»Sie ist nett, wirkt aber affektiert.«

Für ihr affektiertes Verhalten werden Snobs oft kritisiert. Als erster Snob gilt Beau Brummel, ein britischer Edelmann, der das Haus erst nach mehrstündiger Prozedur in perfekt sitzender Garderobe verließ. Er erfand das Halstuch als modisches → Accessoire (S. 177), um sein Doppelkinn zu verbergen.

ambivalent

Zwiespältig

»Deiner neuen Frisur gegenüber habe ich ambivalente Gefühle.«

Es kann zwischen Ambivalenz bei Wünschen (Ambitendenz), Beurteilungen (intellektueller Ambivalenz) und Gefühlen (affektive Ambivalenz) unterschieden werden.

Antagonismus

Widerstreit

»Ich durchlebe einen emotionalen Antagonismus. Ich würde gern mit Jasmin ausgehen, aber meine Freundin wird mich umbringen.«

apostrophieren

Anmerken, herausstellen

»Ich muss apostrophieren, dass ich keine Lust mehr auf dein Gemeckere habe.«

arkan

Geheim, unzugänglich

**»Ich muss dir etwas verraten.
Aber die Sache ist eigentlich arkan.«**

Ataraxie

Gleichmut, Seelenruhe

»Ich hab mir deine Vorwürfe mit großer Ataraxie angehört. Aber jetzt reichts.«

Ein möglicher Weg zur gelungenen Lebensführung wäre gemäß der antiken Philosophie die → Eudämonie (S. 101), deren Wesensmerkmal die Ataraxie ist.

diametral

Entgegengesetzt

»In dieser Hinsicht sind wir diametral unterschiedlicher Meinung.«

Disharmonie

Missstimmung

»Ich kann eine hauchzarte Disharmonie spüren, Schatz. Warum wirfst du unser Geschirr an die Wand?«

erratisch

Nicht stringent

»Das ist doch Schwachsinn, deine Erklärungen sind total erratisch.«

Geheiß

Mündlicher Befehl

»Ich bin auf dein Geheiß heimgeeilt. Aber es kam ein Kneipenbesuch dazwischen.«

imaginieren

Sich einbilden

»Ich könnte imaginieren, dass ich den Rest meines Lebens mit dir auf einer einsamen Insel verbringe.«

immobil

Unbeweglich

»Kommst du bitte zu mir, ich bin immobil.«

ingeniös

Erfinderisch

»Bei deinen Ausreden bist du ziemlich ingeniös.«

innewohnen

Zu jemandem, etwas gehören

»Jedem Abschied wohnt ein Neuanfang inne.«

Man könnte natürlich auch sagen: »Abschied und Neuanfang sind → inhärent« (S. 61).

insinuieren

Unterstellen, durchblicken lassen

»Welche Schuld willst du damit bitte insinuieren, Agathe?«

Insubordination

Ungehorsam

»Mich stört deine ewige Insubordination, Elke.«

Der Begriff stammt aus der Militärsprache.

kommensurabel

Mit gleichem Maß messbar

»Wenn ich den Müll runterbringe und du abspülst, kochst und wäschst, ist das ja wohl kommensurabel.«

konkordant

Übereinstimmend

»Da bin ich konkordant.«

Diesen Satz ganz langsam aussprechen und dabei vielsagend aus dem Fenster blicken.

konsterniert

Fassungslos

Bei jeder Kleinigkeit sofort konsterniert sein.

phlegmatisch

träge

»Ich wäre viel zu phlegmatisch, um dich zu betrügen.«

Scherflein

Kleiner Geldbetrag

»Du musst die Rechnung nicht komplett übernehmen, ich würde gern mein Scherflein dazu beitragen.«

Sensorium

Gespür

»Dir fehlt das Sensorium für meine Probleme.«

sophistisch

Spitzfindig, haarspalterisch

»Du hattest aber die Schlüssel zuletzt.« –
»Findest du das nicht ein wenig sophistisch, Liebes?«

suggerieren

Andeuten oder jemandem etwas einreden

»Ihre Mimik suggerierte, dass sie sich hier nicht sehr wohl fühlte.«

Vita

Lebenslauf

»Müll runterbringen passt nicht in meine Vita.«

Im philosophischen Diskurs

Advocatus Diaboli

Jemand, der um der Sache willen mit seinen Argumenten die Gegenseite vertritt, obwohl er eigentlich nicht zur Gegenseite gehört

»Wenn ich da mal den Advocatus Diaboli spielen darf, wir sollten heute keinen Alkohol mehr trinken.«

Das Gegenteil ist der Advocatus Dei (»Anwalt Gottes«).

Assimilation

Angleichung

»Peers Assimilation in Bayern ist nicht gelungen, er ist Preuße geblieben.«

Auditorium

Zuhörer

Das Auditorium war in der Lage, den → elaborierten (S. 60) Code des Vortragenden zu entschlüsseln.

autark

Sich selbst genügend, unabhängig

»Meine Aussage benötigt keine Herleitung, sie ist autark.«

Axiom

Keines Beweises bedürftiger Grundsatz

»Wenn ich mal dieses Axiom aufstellen darf.«

Axiom und Theorem darf man nicht verwechseln. Ein Axiom ist ein Satz, der beweislos vorausgesetzt wird. Theoreme sind Sätze, die durch formale Beweisgänge von Axiomen abgeleitet werden.

Bourgeoisie

Wohlhabendes Bürgertum

»So denkt nur die Bourgeoisie.«

Marxistischer Kampfbegriff für die herrschenden sozialen Klassen, also die Ausbeuter.
In dem Zusammenhang auf Bobo verweisen, die neue Elite des Informationszeitalters. »Bobo« ist ein → Neologismus (S. 165), → Oxymoron (S. 166) und → Akronym (S. 162), das aus »bourgeois« und »bohemien« gebildet wurde.

Dissident

Jemand, der von der verbreiteten Meinung abweicht

»Es fällt mir nicht leicht, aber ich bin nun mal ein Dissident in der Tradition von Wolf Biermann. Lasst uns lieber Döner essen als schon wieder Pizza.«

dogmatisch

Unbelehrbar, an einem Dogma festhaltend

»In dieser Hinsicht bin ich absolut dogmatisch.«

Wichtiges Angeberwort, das aus der christlichen Theologie stammt. Wir erheben in jeder Hinsicht den Anspruch der absoluten Gültigkeit. Nur wenn es um unsere Pflichten geht, sind wir gerne mal pragmatisch (lösungsorientiert).

elaboriert

Hoch entwickelt

»Das hatte ich bereits gesagt – ihr → prekären (S. 119) Gesellen habt mich mit meiner elaborierten Sprache wohl nicht verstanden.«

Lebenswichtiges Angeberwort. Mit unserem elaborierten Code (unserer Sprache) und unserem elaborierten Kulturverständnis unterscheiden wir uns von der Unterschicht und den erfolglosen Gestalten in unserer Gesellschaft.

Elogium

Lobrede

»Ich möchte ein Elogium auf dich halten.«

Elogien waren Ehreninschriften in der römischen Antike. Das Verfassen von Elogien auf berühmte Verstorbene war damals eine beliebte → rhetorische (S. 120) Übung.

immanent

Innewohnend

»Das ist ja wohl immanent.«

Ganz wichtiger Standardsatz, den man jederzeit und überall sagen kann und der nicht viel mehr als die von konkretem Inhalt befreite Aura des → elaborierten (S. 60) Codes versprüht.

inhärent

Einer Sache innewohnend

»Das ist ja wohl inhärent.«

Guter Satz, wenn man gerade nicht verstanden hat, was das Gegenüber gesagt hat.

inkongruent

Nicht übereinstimmend

»Die beiden Argumente sind inkongruent.«

karitativ

Wohltätig, barmherzig

»Da fehlt mir der karitative Charakter.«

latent

Vorhanden, aber noch nicht in Erscheinung getreten

»Ich spüre eine latente Abneigung.«

In der Medizin beschreibt die Latenzzeit den Zeitraum zwischen der Ansteckung und dem Ausbruch der Krankheit. Bei Lungenkrebs beispielsweise kann die Latenzzeit bis zu 40 Jahre betragen.

Laudatio

Feierliche Lobrede

»Das klingt ja wie eine Laudatio.«

Die geehrte Person wird als Laureat bezeichnet.

marginal

Geringfügig

»Der Unterschied zwischen wenig und marginal ist → rhetorisch (S. 120) relevant.«

metaphysisch

Jede mögliche Erfahrung überschreitend

»Ich glaube nur, was ich sehe – und nicht an eine metaphysische Welt.«

Narrativ

Sinnstiftende Erzählung

»Narrative entstehen ja vor allem in Krisenzeiten.«

Kann beliebig in einen Satz eingestreut werden und ersetzt nahezu jedes Substantiv.

obsolet

Überflüssig

»Der zweite Whirlpool in unserem Schlafzimmer ist eigentlich obsolet.«

okkult

Verborgen, geheim

»Da sind wohl okkulte Mächte am Werk.«
(Wenn mal wieder was runterfällt)

In der Medizin spricht man zum Beispiel von okkultem Blut, von nicht sichtbarem Blut im Stuhl etwa.

Ovation

Beifall

»Plötzlich brandeten Jubel und eine Ovation auf.«

In Ungarn wird übrigens rhythmisch geklatscht. In China wird eine Person manchmal mit Applaus begrüßt, höflicherweise klatscht diese dann zurück. Im fernen Osten werden Beifallsbekundungen durch Zungenschnalzen ausgedrückt.

Parität

Gleichheit, Gleichstellung

»Hier sollten wir auf die Parität achten.«

Pläsier

Besonderes Vergnügen

»Es war mir ein Pläsier.«

räsonieren

Sich tiefschürfend, aber wenig zielführend über etwas äußern

»Wir können jetzt weiter räsonieren oder wir trinken noch ein Bier.«

Oft geht moralisieren einher mit räsonieren.

Stimulus

Anreiz

»Es wäre ein großer Stimulus für unsere Beziehung, wenn du den Müll runterbringen würdest.«

Synopse

Zusammenschau, Zusammenfassung

»Kann ich da mal schnell eine Synopse bekommen?«

Beim Essen

exorbitant

Übertrieben, gewaltig

»Deine Nudeln schmecken exorbitant gut.«

frappieren

In Erstaunen versetzen

»Mit dieser Suppe frappieren Sie mich.«

Eine Flasche Schaumwein hingegen frappiert man, indem man sie in ein großes Gefäß mit Eiswürfeln legt und langsam am Flaschenhals dreht. So bringt man den Wein auf die gewünschte Trinktemperatur.

Frevel

Verstoß

»Oliven mit Orangensaft zu begießen ist geschmacklich ein fürchterlicher Frevel.«

Havarie

Betriebsstörung von Anlagen oder Fahrzeugen

»Leider gab es in der Küche gerade eine Havarie.«

Kohäsion

Innerer Zusammenhalt

»Mir fehlt die Kohäsion im Kartoffelbrei.«

In der Chemie versteht man unter Kohäsion die Kräfte, die für den inneren Zusammenhalt der Moleküle oder Atome eines Stoffes sorgen.

Krux

Schwierigkeit

**»Das ist die Krux, herauszufinden,
wie man guten Kartoffelbrei zubereitet.«**

Metabolismus

Stoffwechsel

»Ich fürchte, der Kuchen ist zu viel für meinen Metabolismus.«

oktroyieren

aufzwingen

»Meine Großmutter oktroyierte mir noch zwei weitere Portionen.«

okzidental

Westlich

»Zum Mittagessen gedenke ich mich heute okzidental zu ernähren. Es gibt Kartoffelbrei.«

opportun

Gelegen kommend

»Es erscheint mir nur opportun, diesen Keks zu verspeisen.«

opulent

Üppig, verschwenderisch

»Welch opulentes Mahl!«

tradiert

Überliefert

»Den Apfelstrudel habe ich nach einem tradierten Rezept meiner Großmutter zubereitet.«

unorthodox

Ungewöhnlich

»Die Kombination von Wurstsalat und Schokoladenaroma ist wirklich unorthodox.«

Beim Flirten

Aperçu

Geistreiche Bemerkung

»Wenn ich an dieser Stelle ein kleines Aperçu zum Besten geben darf …«

Apotheose

Erhebung eines Menschen zum Gott

»So wie du mich anschaust, Baby, das ist ja schon fast Apotheose.«

Man verweise unbedingt darauf, dass auch Alexander dem Großen göttliche Herkunft nachgesagt wurde.

Flatterie

Schmeichelei

Natürlich aus dem Französischen.

Hochruf

Jemanden feiern

»Einen Hochruf auf Sarah.«

inkarniert

Fleischgeworden, verkörpert

»Jacqueline, du bist das inkarnierte → Pläsier« (S. 65). Nicht zu verwechseln mit dem Inkarnat, das bezeichnet den fleischfarbenen Ton (Hautfarbe) in der Kunst.

konvergieren

Sich einander nähern

»Flirten würde ich es noch nicht nennen, aber wir konvergieren.«

kulminieren

Den Höhepunkt erreichen

»Mein Jahr kulminiert in diesem wundervollen Abend.«

legitimieren

Rechtmäßig anerkennen, sich ausweisen

»Ich bin legitimiert, dich heute Abend zu einem eleganten Date auszuführen.«

memorieren

Auswendig lernen

»Dürfte ich dich um deine Telefonnummer bitten? Ich würde sie gerne memorieren.«

Momentum

Geeigneter Zeitpunkt

»Wir sollten das Momentum nutzen.«

Myriade

Große Anzahl

»Deine Augen funkeln wie Myriaden von Sternen.«

Noblesse

Vornehme Erscheinung

»Wunderbar, Renate, deine Gummistiefel zeugen von großer Noblesse.«

Mit Noblesse bezeichnete man den französischen Adel, der sich wiederum in Geburtsadel, Amtsadel und Briefadel unterschied.

Obolus

Geringer Geldbetrag

»Gegen einen kleinen Obolus können wir nach New York auch First Class fliegen.«

profilieren

Hervortreten, sich ausprägen

»Ich würde mich gerne als dein nettester Freund profilieren.«

protegieren

Jemandem zum Aufstieg verhelfen

»Ich werde dich protegieren, du wirst ganz groß rauskommen.«

Resilienz

Psychische Widerstandskraft

**»Deine Resilienz beeindruckt mich.
Gehst du trotzdem mit mir essen?«**

reüssieren

Erfolg haben

»Mit meiner geölten Eloquenz reüssierte ich bereits bei drei Blondinen.«

sezieren

Zerlegen

»Sie sezierte meine Einschätzung.«

substituieren

Ersetzen

»Ariane hat ihren Freund Georg durch Thomas substituiert.«

vakant

Unbesetzt

»Die Position an meiner Seite ist zurzeit vakant. Wie wär's?«

votieren

Abstimmen

»Ich votiere für ein gemeinsames Bier.«

In der Firma

Absenz

Abwesenheit

»Herr Müller, Sie brillieren aktuell überwiegend mit Ihrer Absenz.«

antichambrieren

Sich um jemandes Gunst bemühen

»Für die Betriebsparty muss ich erst mal beim Chef antichambrieren.«

Kommt vom französischen Wort für »Vorzimmer«. Hier musste früher insbesondere bei Königshäusern für ein Anliegen vorgesprochen und geworben werden.

äonenlang

Ewig

»Fräulein Müller, das Kopieren dauert ja schon wieder äonenlang.«

Äon bedeutet Zeitalter.

apodiktisch

Unumstößlich, keinen Widerspruch duldend

»Ich würde das mal nicht so apodiktisch formulieren, liebe Frau Bednarek.«

argusäugig

Scharf beobachtend

»Unserem argusäugigen Chef ist nicht entgangen, dass du seit Wochen zu spät zur Arbeit kommst.«

Aspirant

Bewerber

»Wir haben hier einen vielversprechenden Aspiranten.«

Aspiration

Hoffnung

»Auf die Gehaltserhöhung kann ich Ihnen keine Aspiration machen.«

In der Phonetik bedeutet Aspiration, dass ein Laut von einem hörbaren Hauchgeräusch begleitet wird.

autorisieren

Jemandem etwas erlauben

»Ich bin nicht autorisiert, mit Ihnen darüber zu sprechen.«

eruptiv

Unvermittelt

»Die Diskussion mit meinem Chef endete eruptiv.«

Etablissement

Geschäft, Vergnügungsstätte

»Ich glaube, ich habe Horst aus der Buchhaltung gestern Abend vor diesem Etablissement am Stadtrand stehen sehen.«

exekutieren

Ausüben

»Wir sollten das Projekt jetzt exekutieren.«

Exzess

Maßlosigkeit

»Die Weihnachtsfeier war ein Exzess.«

flagrant

Deutlich ins Auge fallend

»Ihre Inkompetenz ist flagrant.«

Die lateinische Redewendung »in flagranti« heißt übersetzt »solange es (das Verbrechen) noch brennt« und bedeutet »auf frischer Tat«.

Fluktuation

Schwankung

»Wir haben eine extreme Mitarbeiterfluktuation in der Firma.«

In der Wissenschaft versteht man darunter die zufällige Änderung einer ansonsten konstanten Größe wie etwa der Gravitation oder einer Tierpopulation.

incentivieren

Anreize schaffen

**»Wenn ich Überstunden machen soll,
sollten Sie das schon monetär incentivieren.«**

Interferenz

Überschneidung

»Ich konnte nicht kommen, es gab leider eine terminliche Interferenz.«

Bei Noise-Cancelling-Kopfhörern wird das physikalische Prinzip der destruktiven Interferenz genutzt.

Intervention

Einmischung

»Ich verbitte mir jegliche Intervention.«

kolossal

Sehr groß

»Ihre Gehaltsforderungen sind wirklich kolossal.«

Kompensation

Ausgleich

»Ich verlange eine Kompensation für die Überstunden.«

Konfidenz

Vertrauen

»Mir fehlt die Konfidenz auf bessere Zeiten.«

kongruieren

In allen Punkten übereinstimmen

»Dahingehend kongruieren wir, meine liebe Frau Huber.«

konterkarieren

Durchkreuzen, hintertreiben

»Mit dieser Aktion konterkarieren wir unsere Bemühungen.«

Konvolut

Bündel von Drucksachen

»Wer soll dieses bescheuerte Konvolut bitte lesen?«

korrumpieren

Jemanden durch Bestechung gewinnen

»Ich habe versucht, meinen Chef zu korrumpieren.«

krude

Roh, unfein

»Der Umgang ist hier ziemlich krude.«

Lackmustest

Gradmesser

»Das war ein Lackmustest für unsere Produktqualität.«

In der Chemie wird der Lackmustest zur Bestimmung des pH-Werts verwendet.

Lethargie

Trägheit

»Mich ergreift nach dem Mittagessen immer so eine Lethargie.«

Wer das noch ein bisschen medizinischer formulieren möchte, spricht von postprandialer (nach dem Essen auftretender) Müdigkeit.

Novum

Neuigkeit

»Das wäre aber ein Novum.«

obligat

Erforderlich

»Das ist eine obligate Fortbildung.«

omnipotent

Allmächtig

»Der neue Chef ist omnipotent.«

Der Begriff der göttlichen Allmacht ist übrigens sehr interessant und kann ausgiebig diskutiert werden. Grundsätzlich unterscheiden sich folgende Standpunkte:

1. Gott kann absolut alles (auch die Naturgesetze und die Gesetze der Logik überschreiten).
2. Gott kann alles, auch gegen die Naturgesetze verstoßen (Wunder tun), jedoch nicht widersprüchlich handeln.
3. Gott kann alles, muss sich jedoch an das halten, was er selbst versprochen oder angekündigt hat.

Pathos

Feierliches Ergriffensein

»Sparen Sie sich das Pathos, Herr Müller.«

In der Rhetorik gilt Pathos als Überzeugungsmittel.

Perseveranz

Beharrlichkeit

»Ich agiere seit Jahren mit großer Perseveranz in dieser Angelegenheit.«

In der Psychologie gilt Perseveranz als selbsterfüllende Prophezeiung. In einer berühmten psychologischen Studie wurden Testteilnehmern erfundene Ergebnisse mitgeteilt. Danach wurden sie darauf aufmerksam gemacht, dass diese Ergebnisse nur erfunden waren. Bei einer anschließenden Einschätzung ihrer Prüfungsergebnisse folgten die Probanden der Aussage des Feedbacks trotz des Wissens über dessen Willkürlichkeit.

prädestiniert

In hohem Maße geeignet

»Ich bin prädestiniert für den Job des CEO.«

Präeminenz

Vorrang, Vorherrschaft

»Heike und Ulli kämpfen um die Präeminenz in unserem Team.«

Prokrastination

Aufschieben von anstehenden Aufgaben

»Was machen Sie denn gerade, Herr Müller?« – »Ich beschäftige mich mit Prokrastination.«

Das extreme Aufschieben ist eine Arbeitsstörung, die auch Studentensyndrom genannt wird. Das pathologische Aufschieben muss jedoch unterschieden werden vom verbreiteten Trödeln.

prophylaktisch

Vorbeugend

»Ich habe mich prophylaktisch krankschreiben lassen.«

Quintessenz

Wesentliches einer Sache

»Die Quintessenz des Vortrags lautet: Bleib, wie du bist.«

Rekonvaleszenz

Genesung

»Meine Rekonvaleszenz ist abgeschlossen, ich komme nächste Woche wieder ins Büro.«

salbadern

Langatmig reden

»Glaubst du wirklich, dass du eine Gehaltserhöhung bekommst, wenn du vor dem Chef so salbaderst?«

sibyllinisch

Rätselhaft

»Ich habe eine sibyllinische Mail erhalten.«

Von der griechischen Prophetin Sibylle abgeleitet, die – wie die meisten Orakel – doppeldeutige oder rätselhafte Weissagungen machte.

subsistieren

Seinen eigenen Lebensunterhalt bestreiten

»Hoch würde ich mein Gehalt nicht nennen. Sagen wir, ich kann subsistieren.«

Urgenz

Dringlichkeit

»Ich kann leider nicht zum Mittagessen mitkommen. Hier gibt es einige Urgenzen.«

Vabanquespiel

Gewagtes Unterfangen

»Ohne jede Vorbereitung zum Vorstellungsgespräch zu gehen ist ein Vabanquespiel.«

Vabanque ist ein Begriff aus dem Glücksspiel Pharo, das im 18. und 19. Jahrhundert sehr verbreitet war. Die französische Wendung *va banque!* (»es gilt die Bank«) bedeutet, dass ein Spieler einen Einsatz in der Höhe des aktuellen Bankeinsatzes tätigt.

Verve

Begeisterung, Schwung

»Steffi arbeitet mit so viel Verve.«

virulent

Sich gefahrvoll auswirkend

»Sein unmotiviertes Verhalten ist sehr virulent.«

Während einer Partynacht

aleatorisch

Auf Zufall beruhend

»Die Auswahl des DJs wirkte aleatorisch.«

arbiträr

Beliebig, willkürlich

»Auf der Ü30-Party wurde sein Beuteschema zum Ende hin arbiträr.«

blümerant

Flau, unwohl, übel

»Boah, mir ist noch blümerant, ich hab gestern zu viel getrunken.«

Der Ausdruck kommt vom französischen *bleu* (»blau«) und *mourant* (»sterbend«), in Anlehnung an die leicht bläuliche Farbe von Personen, denen schwindlig wird.

desorientiert

Ohne Empfinden für Ort und Zeit

»Ist da hinten die Bar? Ich bin total desorientiert.«

Dissolution

Zerfall

»Als Elke den vierten Gin Tonic getrunken hatte, kam es zur totalen Dissolution.«

filibustern

Etwas hinauszögern

»Ich habe ihr angeboten, mit zu mir zu kommen, aber sie filibustert seit Stunden.«

flottieren

Schwanken, schweben

»Zu später Stunde flottierte Axel durch die Bar.«

Gang nach Canossa

Um Vergebung bitten

»Wenn wir jetzt nicht sofort die Bar verlassen, wird das Aufeinandertreffen mit meiner Frau morgen ein Gang nach Canossa.«

Im Jahr 1077 musste Heinrich IV. sich in die norditalienische Stadt Canossa begeben, um den Papst um Absolution zu bitten.

habituell

Gewohnheitsmäßig

»Ich besuche diese Bar habituell auf einen Absacker.«

hedonistisch

Nach Lustgewinn strebend

»Öffne den Champagner, ich bin heute besonders hedonistisch veranlagt.«

Kohibition

Zurückhaltung

»Ich werde beim heutigen Polterabend große Kohibition gegenüber Alkohol walten lassen.«

parasitär

Auf fremde Kosten

»An der Bar lebst du ziemlich parasitär.«

restriktiv

Beschränkend

»Leider wird der Einlass in diesen Club sehr restriktiv gehandhabt.«
(Du bist zu hässlich)

Sakrileg

Gotteslästerung

»Beim Weißbier oben anzustoßen, empfinde ich als Sakrileg.«

Das Wort stammt vom lateinischen *sacrilegium* (»Tempelraub«) ab.

subsumieren

Etwas unterordnen

»Diese Schlagerparty können wir unter ›Für den Arsch‹ subsumieren.«

translozieren

Verlagern

»Wollen wir die Party nicht nach draußen translozieren?«

Transzendenz

Jenseits der Erfahrung des Gegenständlichen

»Das Konzert war eine transzendentale Erfahrung.«

Tristesse

Trostlosigkeit

»In dieser Bar ereilt mich Tristesse.«

unilateral

Einseitig

**»Dass wir jetzt schon nach Hause gehen,
ist eher ein unilateraler Beschluss.«**

Bei einem Abend unter Freunden

Agonie

Todeskampf

»Schalke befindet sich bereits in der Agonie.«

Der Ausdruck mein den Todeskampf, das allmähliche Erlöschen der Nerventätigkeit. Als deutliches Zeichen für baldiges Ableben gelten übrigens die sogenannten Kirchhofrosen: rosettenförmige Verfärbungen von Blut in tieferen Körperpartien.

annihilieren

vernichten

»Ilse hat versehentlich meine Sonnenbrille annihiliert.«

arriviert

Angesehen, etabliert

»Sie geben sich als Punkband aus, doch letztlich sind sie längst arriviert.«

Defätismus

Pessimistische Einstellung zur Lage

»Vor dem Picknick machte sich wetterbedingt Defätismus breit.«

Der Ausdruck entstand in Frankreich während des Ersten Weltkriegs und bezeichnete die Zweifel am militärischen Sieg in den eigenen Reihen.

disparat

Nicht zueinanderpassend

»In unserer Clique gibt es Leute disparater Einstellung.«

Domestizierung

Bändigung

»Lars kommt vom Land. Wir haben ihn aber bereits domestiziert.«

Die ersten Bauernkulturen versuchten Gazellen, Zebras und Halbesel zu domestizieren, also zum Nutztier zu machen. Sie scheiterten kläglich.

Elegiker

Jemand, der zu Stimmungsschwankungen neigt

»Sei doch nicht so ein Elegiker, Erwin.
Beim nächsten Mal wird Özil besser spielen.«

Elegiker, Klagedichter, waren schon im alten Rom bedeutsam. Heute sind das meist junge Männer, die mit Notizblock und tiefsinnigem Blick im Café sitzen.

epikurisch

Auf Genuss abzielend

»Prost zusammen. Das scheint mir ja hier eine sehr epikurische Runde.«

Eudämonie

Glückseligkeit

»Nach zwei Gläsern Wein strahlst du eine solche Eudämonie aus!«

Fraternität

Bruderschaft

Vom lateinischen *fraternitas* für »Brüderlichkeit«. Die Bros!

Hetäre

Prostituierte

Im Altertum waren Huren sozial anerkannt. Sie waren gebildet und musikalisch, besonders die Aulosbläserinnen Aphrodite und Lamia.

indeterminiert

Unentschlossen

»Gehen wir noch in den Club?« –
»Hm, ich bin indeterminiert.«

kolportieren

Gerüchte verbreiten

»Renate hat kolportiert, dass meine Füße riechen.«

Dieser Ausdruck geht auf den Vertrieb von Büchern in Einzellieferungen durch Hausierer zurück, die Kolporteure genannt wurden.

Konvokation

Einberufung

»Ich habe eine Konvokation zu Anjas Geburtstagsparty erhalten.«

lancieren

Gezielt an die Öffentlichkeit kommen lassen

»Ich habe im Freundeskreis mal lanciert, dass Steffi sich für Lars interessiert.«

meliorativ

Verbessernd

"Die Beziehung mit Sandra wirkt sich meliorativ auf dein Trinkverhalten aus."

motorisch

Bewegung betreffend

»Du erscheinst mir motorisch minderbegabt.«

pedantisch

Kleinlich

»Jetzt sei mal nicht pedantisch und lass uns die Rechnung einfach halbieren.«

perfide

Hinterhältig

»Das war ein perfider Versuch, meinen Kontostand auszuspähen. Natürlich konnte ich mir die Jacke nicht leisten.«

Philoxenie

Gastfreundschaft

»Danke für die Philoxenie!«

In einer solchen Situation nicht nur für die Philoxenie danken, sondern auch für die → Hospitalität (S. 31).

Postulat

Forderung, Gebot

»Auf meinem Fest gilt das Postulat der freien Liebe.«

Angeberwissen: Ein Postulat gilt als → Axiom (S. 58), wenn sich aus ihm andere Theoreme herleiten lassen.

prätentiös

Eindruck machen wollend

»Ich habe mir prätentiöse Kopfhörer gekauft.«

Bei all unseren Angebervokabeln müssen wir stets bedenken, dass es als sprachlicher Stilfehler gilt, wenn wir gestelzt oder prätentiös wirken – also bitte nur dosiert einsetzen.

Rationalist

Jemand, bei dem die Vernunft Vorrang hat

»Willst du wirklich kein Bier mehr, du Rationalist?«

sakrosankt

Unantastbar

»Die Runde Schnaps nach dem Fußball ist sakrosankt. Die kann ich leider nicht absagen.«

Ursprünglich waren die Volkstribune im alten Rom sakrosankt. Durch einen Eid verpflichteten sich die Plebejer, jeden Angriff zu ahnden, und durften den Angreifer sogar töten.

Subalternation

Unterordnung eines Begriffs unter einen viel breiteren

»Wenn ihr mir diese Subalternation erlaubt, der Bourbon ist eine Variante des amerikanischen Whiskeys und mild im Geschmack.«

subsidiär

Behelfsmäßig

»Dank der subsidiären Unterstützung meines Vaters kann ich heute Abend mitfeiern.«

sukzessiv

Allmählich

»Der Abend endete in sukzessiver Ermüdung.«

In lyrischen Momenten

Aurora

Morgenröte

»Oh Holde, erblickst du die Aurora?«

Als Morgenröte wird die Färbung des Osthimmels bezeichnet. Sie hängt übrigens mit der Streuung des Lichts durch den Grad der Bewölkung und den Aerosolgehalt in der Luft zusammen.

Buttervogel

Schmetterling

»Sieh, dort drüben flattert ein Buttervogel.«

Früher wurden diese Tiere häufig beim Butterschlagen angelockt.

Büberei

Vergehen

»Welche Büberei hast du begangen?«

derohalben

Deswegen

»Derohalben möge er nicht zum Sünder werden.«

dräuen

Sich zusammenziehen

»Dunkler Tannenwald dräute links und rechts des Wasserfalls.«

Droschke

Fuhrwerk, Taxi

»Herbei mit der Droschke!«

Erdenkind

Mensch

»Komm zu mir, du Erdenkind.«

Gerne mal Goethe zitieren: »Volk und Knecht und Überwinder, Sie gestehn, zu jeder Zeit: Höchstes Glück der Erdenkinder sei nur die Persönlichkeit.«

fürwahr

Wirklich

»Sie ist fürwahr wunderschön.«

Galanterie

Höflichkeit

»Ihn umwölkte solche Galanterie.«

Galanterieware ist eine veraltete Bezeichnung für modische → Accessoires (S. 177).

Gemahl

Ehemann

»Wo bleibt der Gemahl?«

Hain

Kleines Waldstück

»Ein Blümlein blüht im Hain.«

Gemäß der Bibel ließ sich schon Abraham in einem Hain nieder.

Händel

Streit

»Ilse und Leon hatten gestern Händel.«

Von Händel existiert kein Singular. Das Wort geht auf die Hand zurück und impliziert, dass Handgreiflichkeiten nicht ausgeschlossen sind.

Hagestolz

Junggeselle

»Michael bleibt ein ewiger Hagestolz.«

Die Bezeichnung beschreibt einen eingefleischten, älteren, etwas kauzigen Junggesellen.

herzgeliebt

Innig geliebt

»Komm in meine Arme, herzgeliebte Ingeborg.«

hold

Anmutig, lieblich, treu

»Sie war ihm für alle Zeiten hold.«

Aber tief im → Hain (S. 110) trieb ein Unhold sein Unwesen …

honorabel

Ehrbar

»Wilhelm war von allen der honorabelste.«

Inbrunst

Starke Hingabe

»Er sang schrecklich, aber mit großer Inbrunst.«

Unter Brunst versteht man die Paarungsbereitschaft bei Säugetieren.

Kleinod

Kostbarkeit, Schmuckstück

»Seine Wohnung ist solch ein Kleinod.«

kommod

Bequem

»Mach es dir kommod.«

In Österreich ist dieses Wort noch in der Alltagssprache gebräuchlich.

Lenz

Frühling

»Das ist schon der siebte Lenz unserer Ehe.«

lobpreisen

Überschwänglich loben

»Ich kann sie nicht genug lobpreisen.«

Der Lobpreis ist auch eine besondere Form des Gebets, er rühmt Gottes Taten und Ehre.

Malefiz

Delikt, Straftat

»Er beging das Malefiz im Mondenschein.«

Vom lateinischen *maleficium* (wörtlich: »schlechte Tat«).

obsiegen

Gewinnen

»Ich war stets überzeugt, dass wir obsiegen.«

orphisch

Mystisch, geheimnisvoll

»Ich finde deine Lavalampe so orphisch, Vivienne.«

Die Orphiker waren Geistliche der Antike, die die Seelen auf das Fortleben nach dem Tod vorbereiten wollten.

parabolisch

Bildnishaft

»Wenn ich das mal so parabolisch sagen darf: Der Teufel ist ein Einhörnchen.«

Rebenblut

Wein

»Kurt labte sich am Rebenblut.«

schiefmäulig

Missgünstig

»Die Sekretärin hatte ein schiefmäuliges Wesen.«

schlankerhand

Ohne Weiteres

»Er stieß das Glas um und entschwand schlankerhand.«

vermaledeit

Verwünscht

»So ein vermaledeites Wetter.«

Wagehals

Abenteurer, Glücksritter

»Peter fährt seinen GTI wie ein Wagehals.«

wohlfeil

Billig, abgedroschen

»Das Anwesen konnte ich wohlfeil erwerben.«

Zähre

Träne

»Eine Zähre strich über ihre Wange.«

Bei der Selbstbeschreibung

affin

Geneigt

»Ich bin sehr feierabendaffin.«

Aporetiker

Zweifler

»Ich bin ein → meliorativer (S. 103) Aporetiker.«

Vom griechischen *aporetike* – »zum Zweifeln geneigt«.

Impetus

Innerer Antrieb

»Mir fehlt jeder Impetus, ich bleibe auf dem Sofa.«

Weil im Altertum nicht erklärt werden konnte, warum sich bestimmte Gegenstände auf eine bestimmte Weise bewegen, und man die Kräfte noch nicht verstand, entstand die christliche Impetustheorie, die eine immaterielle Kraft dafür verantwortlich machte, den sogenannten Impetus. Heute ist diese Theorie dank der Physik komplett überholt.

intrinsische Motivation

Motivation aus sich selbst heraus

Abzugrenzen von der extrinsischen Motivation, die von außen kommt.

introvertiert

Auf das eigene Seelenleben gerichtet

»Andere Menschen interessieren mich nicht so, ich bin eher introvertiert.«

Introvertiertheit ist nicht gleichzusetzen mit Schüchternheit. Es gibt schüchterne Extrovertierte und nichtschüchterne introvertierte Personen. Introvertierte Charaktere wenden ihre Aufmerksamkeit verstärkt ihren eigenen Gefühlen und Empfindungen zu.

prekär

Schwierig, heikel

»Diese Situation ist für mich wirklich prekär.«

Prekariat ist übrigens ein → Neologismus (S. 165) aus prekär und → Proletariat (S. 123).

privilegiert

Bevorrechtigt, bevorzugt

»Linus weiß gar nicht, wie privilegiert er ist.«

prosaisch

Nüchtern, sachlich

»Ich bin ein sehr prosaischer Mensch.«

rhetorisch

Die Redeweise betreffend

»Rhetorisch bin ich dank des *Angeberwortschatzes* wirklich außerordentlich gewandt.«

urban

Städtisch

»Das Leben auf dem Land reizt mich nicht. Ich bin mehr so der urbane Typ.«

Zampano

Jemand, der durch übertriebenes Verhalten beeindrucken will

»In solchen Situationen halte ich mich zurück, ich bin nun wirklich kein Zampano.«

Bei der Fremdbeschreibung

affirmativ

Zustimmend, bejahend

»Ich würde ihn nicht als Schleimer bezeichnen, aber er besitzt ein affirmatives Wesen.«

autochthon

Einheimisch, alteingesessen

»Xaver kommt aus Rosenheim, er ist ein autochthoner Bayer.«

korpulent

Übergewichtig

Besonders korpulente Menschen sind gar als → adipös (S. 188) zu bezeichnen.

manisch

Krankhaft heiter

»Schlagersänger wirken auf mich leicht manisch.«

medioker

Mittelmäßig

»Wie war der Abend?« – »Medioker.«

menschenwürdig

Angemessen

»Diese Mahlzeit ist menschenwürdig.«

mokant

Spöttisch

»Wir wollen ja nicht mokant sein. Aber manche Leute kaufen Prosecco mit Schraubverschluss.«

morbid

Kränklich

»Ein morbider Charme umweht die Eingangshalle.«

Proletariat

Arbeiterklasse

»Ich fühle mich vom Proletariat missverstanden.«

Die ärmsten Bürger im alten Rom wurden Proletarier genannt.

suizidal

Selbstmörderisch

»Gloria fährt suizidal Auto.«

Kleine Feinheiten zum Einstreuen

- *a priori* – von vornherein
- *a posteori* – nachträglich
- *au contraire* – im Gegenteil
- *ergo* – folglich
- *grosso modo* – im Wesentlichen
- *obschon* – obwohl
- *vulgo* – → allenthalben (S. 200)

Bei Diskussionen

akkurat

Sorgfältig, genau

»Da hast du mir wirklich nicht akkurat zugehört.«

Assoziation

Verknüpfung von Vorstellungen

»Bei diesem Geruch habe ich eine Assoziation mit einer Molkerei.«

Assoziationslernen ist die Verknüpfung von Reizen. Der Pawlow'sche Hund etwa hat gelernt, auf einen neutralen Reiz (Glocke) mit Speichelfluss zu reagieren.

bagatellisieren

Verharmlosen

»Wir dürfen das auf keinen Fall bagatellisieren.«

Bonmot

Witziger und geistreicher Ausspruch

»Ein solches Bonmot hätte ich dir gar nicht zugetraut.«

Diskurs

Erörterung, Diskussion

»Da sollten wir in den Diskurs gehen.«

Bei dieser Gelegenheit bitte auf Jürgen Habermas verweisen. Diskurs ist bei ihm »Schauplatz kommunikativer Rationalität«. Dabei stets klagen, es fehle an intersubjektiver Wahrheit.

distinguiert

Betont vornehm

»Wenn ich das mal distinguiert formulieren darf ...«

Und dann einfach einen Satz aus diesem Buch benutzen.

Distinktion

Unterscheidung

Ganz wichtiges Wort. Wir heben uns durch unsere Kleidung, aber ganz besonders durch die Art ab, in der wir uns ausdrücken. Wir heben uns durch die Form des Umgangs ab. Durch den → elaborierten (S. 60) Code.

Divergenz

Auseinandergehen, abweichen

»In dieser Hinsicht divergieren unsere Meinungen.«

Als echter Angeber kann man auf den »oberflächlichen Divergenzgrad« verweisen, das ist die obere Schranke des 1-Teilchen-irreduziblen Feynman-Diagramms der Quantenfeldtheorie und beschreibt, mit welcher Stärke dieses Diagramm im Ultraviolettbereich divergiert. Versteht eigentlich jeder.

Doktrin

Lehre, Grundsatz

»Es ist unsere Doktrin, vor dem Handballspiel noch für ein Bier an Gertis Eckbar zu stoppen.«

Nebenbei bemerken: »In seiner religionsphilosophischen Schrift *Die Religion innerhalb der Grenzen der bloßen Vernunft* formulierte Immanuel Kant 1793 seinen Übergang von der Kritik zur Doktrin.«

Erosion

Rückgang, Niedergang

Immer mal wieder die Erosion der Werte beklagen.

evaluieren

Bewerten

»Diese Aussage muss ich erst einmal evaluieren. Ich glaube das nicht.«

explizieren

Erklären

»Wenn Sie wünschen, kann ich Ihnen das noch einmal explizieren. Sie scheinen mir nicht folgen zu können.«

fragmentarisch

Bruchstückhaft

»Ich habe nur noch fragmentarische Erinnerung an gestern Abend.«

Indifferenz

Gleichgültigkeit

»Ich verfolge deine Ausführungen mit erstaunlicher Indifferenz.«

inkohärent

Unzusammenhängend

»Du argumentierst inkohärent.«

januskopfig

Sich von zwei verschiedenen Seiten zeigend

»Plötzlich wurde sein januskopfiger Charakter offenkundig.«

Janus war der römische Gott des Anfangs und des Endes. Nach ihm ist auch der Januar benannt.

Kalkül

Einschätzende Berechnung

»Das war stets mein Kalkül.«

Im logischen und mathematischen Sinn sagt man »der Kalkül«, im Sinne von Berechnung oder Überlegung wird auch das Neutrum, wie bei »ins Kalkül ziehen«, verwendet.

kognitiv

Das Denken betreffend

»Bei dir ist auf kognitiver Ebene wohl etwas schief gelaufen.«

konstatieren

Feststellen

»Ich muss konstatieren, dass ihr alle keine Ahnung habt.«

Konstatierung ist die Methode einer von Moritz Schlick begründeten Erkenntnistheorie. Aufgrund ihres Wesens kohärieren bei Konstatierungen – im Gegensatz zu anderen synthetischen Sätzen – die Feststellung des Sinnes und der Wahrheit. Klar, oder?

Kontext

Zusammenhang

»Diese Erklärung versteht man nur im Kontext.«

kontrafaktisch

Gegen das Gängige gerichtet

Die ultimative Debattenvokabel. So ist alles, was man nicht wahrhaben will oder sonst irgendwie blöd findet, kontrafaktisch. Im Zeitalter der Trump'schen Politik zusätzlich stets auf die »postfaktische« Politik verweisen, bei der Fakten und Wahrheiten nicht mehr im Mittelpunkt stehen.

kumulieren

Anhäufen

»Im Laufe dieses Gesprächs haben wir nun wirklich schon genug Schwachsinn kumuliert.«

kursorisch

Oberflächlich

»Ich konnte das bislang nur kursorisch prüfen.« (Ich hab keine Ahnung davon.)

lavieren

Gegen den Wind segeln, Schwierigkeiten überwinden

»Beeindruckend, wie du dich durch das Gespräch hindurchlaviert hast.«

Logorrhö

Krankhafte Geschwätzigkeit

»Lass mich jetzt bitte auch mal zu Wort kommen – oder leidest du an Logorrhö?«

luzid

Klar, eindeutig

»Ich hatte einen luziden Moment.«

In der Medizin bezeichnet Luzidität den Grad der Wachheit.

Mediation

Aussöhnende Vermittlung

»Wenn ich da mal als Mediator eingreifen darf.«

Obsoleszenz

Produktalterung

»Mein Smartphone ist jetzt schon kaputt. Das ist doch geplante Obsoleszenz!«

In der Wirtschaft versteht man unter geplanter Obsoleszenz das bewusst durch den Hersteller herbeigeführte Veralten von Produkten. So verständigten sich die weltweit führenden Glühlampenhersteller im sogenannten Phoebuskartell etwa darauf, die Lebensdauer von Glühlampen auf 1000 Stunden zu begrenzen.

Phalanx

Geschlossene Front

»Ich muss erst die Phalanx an schlechten Argumenten durchbrechen.«

So wurden früher Schlachtformationen bezeichnet.
Der äußerst selten verwendete und deshalb für Angeber geeignete Plural lautet Phalangen.

präferieren

Vorziehen

»Ich präferiere Annas Vorschlag.«

profan

Alltäglich

»Dein Einwand erscheint mir profan.«

profund

Gründlich, umfassend

»Ich habe mich mit diesem Thema profund beschäftigt.«

Scheinexistenz

Sinnentleertes Leben

Im Prekariat würde man derlei sinnentleerte Existenzen nicht Scheinexistenzen, sondern Lauch nennen.

singulär

Vereinzelt

»Das ist ja wohl nur ein singuläres Phänomen.«

stoisch

Unerschütterlich, gleichmütig

**»Ich warte erst mal stoisch ab,
wie dieser Streit zu Ende geht.«**

Ein besonderes Merkmal der altgriechischen stoischen Philosophie ist die emotionale Selbstbeherrschung, um mit Hilfe von Seelenruhe nach Weisheiten zu streben. War nie so aktuell wie heute.

stringent

Schlüssig, überzeugend

»Er legte seine Argumente stringent dar.«

subordinieren

Unterordnen

»Es wäre besser, wenn du dich meiner Meinung subordinierst.«

ubiquitär

Allgegenwärtig

»Dummheit ist wirklich ubiquitär.«

verifizieren

Die Richtigkeit bestätigen

»Deine Story von letzter Nacht kann niemand verifizieren.«

Im schnöden Alltag

avisieren

Ankündigen

»Die Ankunft ist erst für morgen avisiert.«

Defäkation

Darmentleerung

»Ich muss noch kurz zur Defäkation.«

disponibel

Verfügbar

»Ist dieser Stuhl disponibel?«

domizilieren

Ansässig sein

»Ich domiziliere in der Bahnhofstraße in München.«

dürsten

Nach etwas verlangen

»Mich dürstet nach neuer Lektüre.«

→ Derivat (S. 163) von Durst.

erkühnen

Wagemutig sein

»Ich erkühne mich, für einen anderen Film zu plädieren.«

extrapolieren

Aus Bekanntem unter Voraussetzung gleichbleibenden Verlaufs schließen

**»Wenn ich das mal extrapoliere,
trinkt ihr heute Abend 26 Kurze.«**

Fist

Abgehende Blähung

Auch Darmwind, Flatus oder Flatulenz genannt.

inhibieren

Etwas verhindern

»Diesen → Fist (S. 139) konnte er gerade noch inhibieren.«

Kontinenz

Fähigkeit, Harn und Stuhl zurückzuhalten

»Meine Kontinenz stößt an ihre Grenzen.«

Koprolalie

Krankhafter Gebrauch vulgärer Ausdrücke

Meteorismus

Blähbauch

»Offenbar hat mich ein schlimmer Meteorismus erwischt.«

paraphieren

Mit seinen Initialen unterschreiben

»Wo darf ich die Glückwunschkarte paraphieren?«

permittieren

Erlauben, zulassen

**»Ich kann nicht permittieren,
dass du so einen Blödsinn redest.«**

residieren

Wohnen

»Ich residiere da hinten in dem gelben Haus.«

transpirieren

Schwitzen

»Beim Sport musste ich etwas transpirieren.«

Übrigens: Auch Blätter transpirieren.

Beratersprech: die wichtigsten Use Cases

»Lieber nicht hart launchen, wir phasen bei dem neuen Produkt langsam rein.«

Wir gucken erst mal, was so passiert.

»In unserer Firma ist kein Platz für Underperformer wie Sie.«

Sie sind gefeuert.

»Svens Projekt ist wieder in time und on budget. Er ist der krasse Resulter.«

Sven hat gute Arbeit geleistet.

»Dieser Use Case hat gute Learnings generiert.«

Das ging so richtig daneben, aber das nächste Mal wird es bestimmt besser.

»Ich dachte, das ist ein High-Level-Event und jetzt sind hier lauter B-People.«

Ich bin nur hier, weil ich dachte,
ich kann mich beim Chef einschleimen.

»Die Frage ist, ob das positiv aufs Markenkonto einzahlt.«

Möglicherweise hassen uns danach alle.

»Wir müssen den Shop besser leveragen.«

Vielleicht sollten wir doch mal in Marketing investieren.

»Wir müssen dieses Topic reliable forecasten.«

Hört auf zu raten und schaut euch ein paar Fakten an,
um die Konsequenzen abzuschätzen.

Sprachwissen für Angeber

Deppen enttarnen – Teil 1: Die häufigsten Fehler im Deutschen

Dies sind die am häufigsten falsch geschriebenen Wörter im Deutschen.

Häufige Fehler	Wie man es wirklich schreibt	Kommentar
agressiv	aggressiv	ungewöhnliche Buchstabenkombination »ggr«
Akkustik	Akustik	falsche Analogie zu Akku(mulator) oder akkurat
Amaturenbrett	Armaturenbrett	Nichtaussprechen eines »r« nach langem Vokal
assozial	asozial	falsche Aussprache mit stimmlosem »s«
Atrappe	Attrappe	ungewöhnliche Buchstabenkombination »ttr«
Authorisierung	Autorisierung	inspiriert vom englischen »authorisation«
Billiard	Billard	Aussprache, engl. »billiards«

Häufige Fehler	Wie man es wirklich schreibt	Kommentar
bischen	bisschen	neue Rechtschreibung, früher »bißchen«
bombadieren	bombardieren	postvokales »r« im Norddeutschen (siehe auch Scharnier, Turnier, Armatur)
brilliant	brillant	Aussprache; engl. »brilliant«
Capuccino	Cappuccino	mangelnde Kenntnis der italienischen Sprache
der selbe	derselbe	seit dem ersten Duden von 1880 unverändert
detailiert	detailliert	Orientierung an »Detail«
dilletantisch	dilettantisch	Aussprache
Diphterie	Diphtherie	seltene Buchstabenkombination »phth« in Wörtern griechischen Ursprungs
Eigenbrödler	Eigenbrötler	Aussprache
Entgeld	Entgelt	falsche Annahme eines Kompositums zu Geld
entgültig	endgültig	falsche Annahme der Vorsilbe »ent-«
die erfahrendste	erfahrenste	Missdeutung als Partizip
Extase	Ekstase	Anlehnung an andere Wörter mit Ex-
fröhnen	frönen	vermeintliche Notwendigkeit, die Länge des Vokals auszudrücken

Häufige Fehler	Wie man es wirklich schreibt	Kommentar
Gallionsfigur	Galionsfigur	gängige Aussprache mit kurzem »a«
Gebahren	Gebaren	Anlehnung an »Bahre«
gesäht	gesät	vermeintliche Notwendigkeit, die Länge des Vokals auszudrücken
Gradwanderung	Gratwanderung	falsche Herleitung von Grad
Gries	Grieß	historische Schreibung
gröhlen	grölen	vermeintliche Notwendigkeit, die Länge des Vokals auszudrücken
hahnebüchen	hanebüchen	falsche Assoziation mit »Hahn«
hälst	hältst	Aussprache, Häufung von Konsonanten erscheint unnatürlich
Ingredenzien	Ingredienzien, Ingredienzen	unsaubere Aussprache
Lapalie	Lappalie	im Deutschen unübliche Konsonantenverdoppelung vor der Betonung
läd	lädt	Endung »-t« bzw. »-et« in der 3. Pers. Singular wie in »badet« nicht erkannt
lizensieren, Lizensierung	lizenzieren, Lizenzierung	Aussprache
narzistisch	narzisstisch	Kommt vom Namen »Narcissus«

Häufige Fehler	Wie man es wirklich schreibt	Kommentar
nießen	niesen	auf Aussprachefehler (falsche Aussprache mit stimmlosem »s«) zurückzuführen
Obulus	Obolus	Aussprache (»o« und »u« sind in der Aussprache im Wort schlecht zu unterscheiden)
orginal	original	Aussprache
Pavillion	Pavillon	Aussprache; sinngemäß wie »brillant« und »Billard«
pieken, pieksen	piken, piksen	Stammt von »Pike« (mittelalterliche Waffe)
projezieren	projizieren	Aussprache; falsche Analogie zu Projektor
Reeling	Reling	Aussprache mit langem »e«
Reflektion	Reflexion	falsche Substantivierung von »reflektieren«
Religiösität	Religiosität	falsche Substantivierung von »religiös«
Reperatur	Reparatur	Aussprache, sinngemäß genauso: »seperat«
Resource	Ressource	Im Englischen schreibt man das Wort mit einem »s«
Rückrad, Rückgrad, Rückrat	Rückgrat	Wortteil »Grat« nicht erkannt

Häufige Fehler	Wie man es wirklich schreibt	Kommentar
Rhytmus, Rythmus	Rhythmus	ungewöhnliche Buchstabenkombinationen »Rh« und »th« in Wörtern griechichen Ursprungs
seperat	separat	Aussprache
Seriösität	Seriosität	falsche Substantivierung von »seriös«
skuril, skurill	skurril	Aussprache
Spirenzchen	Sperenzchen	Aussprache
Standart	Standard	falsche Analogie zu »Standarte«
Stehgreif	Stegreif	falsche Herleitung aus »stehen« und »greifen«
Streußelkuchen	Streuselkuchen	falsche Aussprache mit stimmlosem »s«
subsummieren	subsumieren	falsche Verbindung zu »Summe«
Sylvester	Silvester	Aussprache; der Silvestertag leitet sich von Papst Silvester I. ab
Syphon	Siphon	Aussprache
Terrabyte	Terabyte	Falsche Anlehnung an »Terra«
totlangweilig	todlangweilig	falsche Herleitung vom Adjektiv »tot«
totschick	todschick	Die deutsche Schreibung ist erstaunlich, da das Wort auf frz. *tout chic* zurückgeht

Häufige Fehler	Wie man es wirklich schreibt	Kommentar
Verließ	Verlies	Wortverwandtschaft zu »verlassen, er verließ«
Verwandschaft	Verwandtschaft	Häufung von Konsonanten erscheint unnatürlich
vorraus	voraus	falsche Herleitung aus »vor« und »raus«, analog bei »herraus«
Wehrmuts-tropfen	Wermutstropfen	Aussprache mit langem »e«
Wehrwolf	Werwolf	Aussprache mit langem »e«
wiederspiegeln	widerspiegeln	falsche Analogie zu wieder-geben etc.

Deppen enttarnen – Teil 2: Scheinanglizismen

Es gibt eine ganze Reihe von Wörtern, die nach großer weiter Welt klingen, die aber in England niemand verstehen würde: die Scheinanglizismen. Ein Angeber sollte diese natürlich sofort bemerken.

Im Deutschen verwendet	Bedeutung dieses Wortes im Englischen	Richtiges Englisch
Beamer	UK: Unsportliches Schleudern beim Cricket auf die obere Körperhälfte; USA + UK: BMW (»beemer«)	video projector
Beauty Farm	existiert nicht	spa
Boxen (im Sinne von Lautsprecher)	box = Schachtel	(loud)speaker
Catcher	Fänger (Position im Baseball)	wrestler

Im Deutschen verwendet	Bedeutung dieses Wortes im Englischen	Richtiges Englisch
checken	to check = überprüfen; im Sport auch für einen körperlichen Angriff auf einen Gegner	to understand, to comprehend, to grok (ugs.), to get it (ugs.), to dig (ugs. veraltet)
DJane, She-DJ	existiert nicht	(female) DJ
Dressman	existiert nicht, kann als Transvestit interpretiert werden	(male) model
Funsport	existiert nicht	existiert nicht als fester Ausdruck, etwa: a fun sport
Handy	Adjektiv: griffbereit, nützlich, praktisch, geschickt	mobile (phone); cell(phone), cellular (USA)
Hometrainer	existiert nicht	fitness machine
Kickboard	Schwimmbrett (eine Schwimmhilfe)	scooter, kick scooter
Logical	existiert nicht	logic puzzle
Longseller	existiert nicht	existiert nicht als fester Ausdruck, etwa: long-term seller, steady seller
Mailbox	Briefkasten	email box, email mailbox
Messie	existiert nicht	compulsive hoarding, a messy person

Im Deutschen verwendet	Bedeutung dieses Wortes im Englischen	Richtiges Englisch
Oldtimer	old-timer: »alter Hase«, Veteran, auch: altmodische Sache (eher abwertend)	vintage car; classic car; veteran car
Posting	existiert nur im Gerundium, nicht als Substantiv	post, message
Shootingstar	Sternschnuppe	newcomer, rising star
Showmaster	existiert nicht	host, compère (UK), show host, MC (= Master of Ceremonies), emcee (lautmalerisch für MC)
Talkmaster	existiert nicht	chat-show host, talk-show host
topfit	existiert nicht	physically fit, in very good shape
trampen	umherstreifen, vagabundieren	to hitchhike
Twen	existiert nicht	person in their twenties, twentysomething

»Ich hätte das auch gewusst« – Die häufigsten Fragen an die Duden-Sprachberatung (und die richtigen Antworten)

Schreibt man »essen gehen« oder »Essen gehen«?
Richtig ist »essen gehen«.

Wie gliedert man internationale Telefonnummern?
Richtig ist +49 621 1234-0

Schreibt man »Webside« oder »Website«?
Richtig ist »Website« oder »Webseite«.

Schreibt man »zurück zu schicken« oder »zurückzuschicken?
Richtig ist »zurückzuschicken«, da auch »zurückschicken« zusammengeschrieben wird.

Wie lautet der Plural von »Hobby, »Baby« usw.?
Richtig ist »Hobbys«, »Babys« usw. (nicht: »Hobbies« …).

Verwendet man in der Briefanschrift noch z. Hd. (= zu Händen)?

Nein, diese Verwendung ist nicht mehr üblich.

Wie spricht man »Gnocchi« und »Enchilada« aus?

[’njɔki] und [ɛntʃiˈlaːda], auch: [ɛnçiˈlaːda]

Heißt es »der«, »die« oder »das Barrique«?

Richtig sind »die« oder »das« Barrique.

Wie lautet die Vergangenheit (Perfekt) von »downloaden«?

Das Perfekt lautet »ich habe downgeloadet«.

Schreibt man »Global Player-Unternehmen« oder »Global-Player-Unternehmen«?

Richtig ist »Global-Player-Unternehmen«.

Wie schreibt man »erneuerbare/Erneuerbare Energie«?

Klein, da es sich nicht um einen Eigennamen handelt.

Kann man sagen »er hat mir zugewunken«?

Dieser Ausdruck ist umgangssprachlich. In der Standardsprache heißt es »zugewinkt«.

Schreibt man »Herzlich willkommen« oder »Herzlich Willkommen«?

»Willkommen« ist ein Adjektiv und wird daher kleingeschrieben.

Wie lautet der Plural von »Quiz«?

Der Plural von »das Quiz« lautet »die Quiz«.

Mit Komma oder ohne: »Beim Transport von Ulm nach Biberach ging die Scheibe zu Bruch«?

Ohne Komma, da man Umstandsangaben nicht mit Komma abtrennt.

Schreibt man »Email«, »e-Mail« oder »E-Mail«?

Richtig ist »E-Mail«.

Und heißt es »der«, »die« oder »das E-Mail«?

Richtig ist »die E-Mail«, besonders süddeutsch und österreichisch auch »das E-Mail«.

Heißt es »Ende diesen« oder »dieses Jahres«?

Richtig ist »Ende dieses Jahres«.

Wie lautet der Plural von »Status«?

Er lautet »die Status« (mit langem »u«).

Heißt es »das neueste Werk des Autors« oder »des Autoren«?

Richtig ist »des Autors«.

»Wir kommen Samstag, den 1. April[,] an.« Muss das zweite Komma stehen?

Das Komma hinter der Datumsangabe ist freigestellt.

Richtig oder falsch: »Alle Speisen auch zum mitnehmen«?

Falsch, »Mitnehmen« wird großgeschrieben.

Wie lautet der Plural von »Pizza«?

Sowohl »Pizzas« als auch »Pizzen« ist richtig.

Schreibt man »B2B-Geschäft« oder »B 2 B-Geschäft«?

Richtig ist »B2B-Geschäft«.

Wie lautet das Perfekt von »carven«?

Es lautet »ich bin gecarvt«.

»Da muss ich Sie leider verbessern« – Sprachtipps für Angeber

Falsch:

»Gib mir mal den Imbusschlüssel.«

Richtig:

»Gib mir mal den Inbusschlüssel.«

Das Wort Inbus ist ein → Akronym (S. 162). Es geht auf den Innensechskantschlüssel der Firma Bauer & Schaurte zurück.

Falsch:

»Ich stimme in keinster Weise zu.«

»In keiner Weise« kann nicht gesteigert werden, denn es bedeutet sinngemäß ja schon, dass es unmöglich ist. Das Gleiche gilt übrigens für das Einzige und das Optimale.

Richtig:

»Ich stimme in keiner Weise zu.«

Falsch:

»Ich habe dasselbe Auto wie mein Kollege.«

Ach, dann teilst du dir mit deinem Kollegen ein Auto? Achtung: Dasselbe ist nicht das Gleiche.

Richtig:

»Ich habe das gleiche Auto wie mein Kollege.«

Falsch:

»Das ist ein Teufelskreislauf.«

Richtig:

»Das ist ein Teufelskreis.«

Der Teufelskreis an sich ist als fortlaufende Abfolge definiert und ein feststehender Ausdruck.

Ein paar Irrtümer, die keinem Angeber entgehen sollten

- Amtsschimmel: kommt nicht vom Schimmelpferd, sondern von »Simile« (Musterformular)
- Bratwurst: kommt nicht von gebratener Wurst, sondern von »Brat« (kleingehacktes Fleisch)
- Bulle: ist kein Vergleich von Polizisten mit Horntieren, sondern eine Variation des rotwelschen »Puhler« (Polizist)
- Friedhof: hat mit Frieden nichts zu tun, sondern stammt vom althochdeutschen »Frithof« (eingefriedeter, beschützter Platz)
- Hängematte: kommt nicht von hängender Matte, sondern von hanáka aus der Taíno-Sprache vermutlich.
- Schattenmorellen: der Name kommt nicht vom Schatten, sondern von ihrem französischen Namen »Chatel Morel«.
- Scheinbar: Bedeutet »nur zum Schein« und damit nicht das Gleiche wie »anscheinend« (vermutlich).

Sprach-Fachbegriffe für Angeber

Akronym

Kurzwort aus den Anfangsbuchstaben mehrerer Wörter.

YOLO

Alliteration

Zwei oder mehrere unmittelbar aufeinander folgende Wörter besitzen den gleichen Anfangslaut.

Kind und Kegel; Milch macht müde Männer munter

Alogismus

Drückt einen unsinnigen Sachverhalt aus oder stellt eine Überlegung dar, die in sich unlogisch oder grammatikalisch falsch ist.

»Nachts ist es kälter als draußen.«

Aposiopese

Abbruch mitten im Satz

»Schaut mal, was ich.«

Kann man seinen Freunden gerne mal vorwerfen: »Du immer mit deinen Aposiopesen.«

Binnenmajuskel

Großbuchstabe im Wortinneren

McDonald's

Derivat

Aus einem Ursprungswort gebildetes neues Wort

Dürsten von Durst

Diaphora

Wiederholung desselben Wortes in verschiedenen Bedeutungen

»Auf acht Leute Acht geben.«

Dysphemismus

Abwertende, wertverschlechternde Umschreibung

»Saftschubse« für eine Flugbegleiterin.

Gegenteil von Euphemismus, auch: Pejoration.

Euphemismus

Beschönigende Umschreibung

»kräftig« statt »dick«
oder »Raumpflegerin« statt »Putzfrau«

Homöarkton

Anfangsgleichheit aufeinanderfolgender Wörter

»Billionen böse Buben beobachten Boris Becker beim Bechern.«

Interjektion

Ausruf, Gefühlsausdruck

»Ah!«; »Igitt!«

Malapropismus

Ersetzen eines Wortes durch ein ähnlich klingendes Wort gleicher Wortart zu humoristischen Zwecken

»Zum Bleistift«; »Er war eine Konifere auf seinem Fachgebiet.«

Neologismus

In den Sprachgebrauch übergegangene Wortneubildung

»googeln«; »simsen«

Onomatopoesie

Lautmalerei; der Klang des Wortes unterstreicht die Bedeutung

»Quak«; »Kuckuck«; »Peng!«

Oxymoron

Innerer Widerspruch

»Heißkalt«, »Hassliebe«, »beredtes Schweigen«

Parenthese

Einschub von Wörtern oder Satzteilen im Satz

»Das ist, wie gesagt, unwichtig.«

Pluralis Majestatis

Verwendung des Plurals in Bezug auf die eigene Person als Ausdruck von Macht, ursprünglich bei Adel und Würdenträgern

»Wir begrüßen diese Einstellung.«

Solözismus

Grober sprachlicher Fehler, besonders in der syntaktischen Verbindung der Wörter

»Wo du wolle?«; »Hier werden Sie geholfen.«

Tautologie

Häufung, Wiederholung des Gesagten mit sinnverwandtem Wort, wobei bereits beide Wörter die Bedeutung des Gesamtausdrucks enthalten

»Hegen und pflegen«; »immer und ewig«; »Not und Elend«

Vulgarismus

Derbe oder ordinäre Ausdrucksweise (Vulgär- oder Fäkalsprache)

»Kacken«

Zeugma

Bezug des gleichen Wortes in verschiedenen Bedeutungen auf zwei Satzteile

»Ich heiße David und Sie herzlich Willkommen.«

»Wusstet ihr eigentlich schon: Das ist ein Eponym«

Menschen, die es zu Wörtern gebracht haben:

Boykott

Der Gutsverwalter Charles Cunningham Boycott (1832–1897) war ein fürchterlicher Schinder. Eines Tages ignorierten ihn seine irischen Pächter und verweigerten jeglichen Kontakt.

Brailleschrift

Louis Braille erblindete im Alter von drei Jahren. Mit 15 Jahren erfand er die Punkteschrift.

Colt

Samuel Colt hat den berühmten Revolver erfunden.

Dieselmotor

Dieser Motor wurde um 1893 von Rudolf Diesel erfunden.

Guillotine

Der Arzt Joseph-Ignace Guillotin verlangte eine menschlichere Form der Vollstreckung von Todesurteilen. Ersonnen hatte das Köpfungsgerät aber angeblich der Chirurg Antoine Louis, deshalb hieß sie früher »Louisette«.

Litfaßsäule

Der Berliner Drucker Ernst Litfaß stellte 1855 in Berlin seine erste Reklamesäule auf.

Lynchjustiz

Hauptmann William Lynch machte sich mit ein paar Freunden auf, eine Räuberbande zu stellen.

Mercedes

Die Automarke hat ihren Namen von der Tochter des ersten Kunden, Mercédès Jellinek.

Saxofon

Der Belgier Antoine Sax hat das Blasinstrument erfunden.

Angeben bei jeder Gelegenheit – Teil 1: Farben, am Beispiel »Blau«

- Admiralsblau
- Ägäisblau
- Ägyptischblau
- Aquamarinblau
- Atlantikblau
- Azurblau
- Babyblau
- Bergseeblau
- Blassblau
- Blitzblau
- Brillantblau
- Capriblau
- Dunkelblau
- Düsterblau
- Eisblau
- Eiswasserblau
- Elektrischblau
- Enzianblau
- Facebookblau
- Fernblau
- Finsterblau
- Fliederblau
- Frostblau
- Glanzblau

- Gletscherblau
- Glockenblumenblau
- Goldblau
- Göttlichblau
- Graublau
- Grellblau
- Grünblau
- Grünstichblau
- Heidelbeerblau
- Himmelblau, Himmelsblau
- Himmlischblau
- Hochblau
- Jeansblau
- Kapitänsblau
- Karibikblau
- Klarblau
- Kobaltblau
- Königsblau
- Kupferblau
- Lasurblau (Ultramarin)
- Lichtblau
- Marienblau
- Marineblau
- Mattblau
- Meeresblau, Meerblau
- Mittelblau
- Mitternachtsblau
- Morgenblau
- Nachtblau
- Nilblau

- Ozeanblau
- Perlnachtblau
- Pfauenblau
- Pflaumenblau
- Porzellanblau
- Purpurblau
- Regenblau
- Rotblau
- Rötlichblau
- Saphirblau
- Schieferblau
- Schwarzblau
- Signalblau
- Stahlblau
- Sturmwolkenblau (ein stark ins Grau tendierendes Blau mit Hang zur Dramatik)
- Taubenblau
- Tiefseeblau
- Tintenblau
- Türkisblau
- Ultramarinblau
- Veilchenblau
- Violettblau
- Wasserblau
- Zwetschgenblau

Angeben bei jeder Gelegenheit – Teil 2: Wundersame Ängste

Achluophobie

Angst vor der Dunkelheit, auch Nyktophobie

Agoraphobie

Angst vor (räumlich) weiten Plätzen, Reisen und/oder Menschenansammlungen

Aichmophobie

Angst vor spitzen oder scharfen Gegenständen (Trypanophobie: Angst vor Spritzen)

Akarophobie

Angst vor Insektenstichen/stechenden Insekten oder Infektion durch Milben und Zecken

Amaxophobie

Angst vor dem Autofahren

Androphobie

Angst vor Männern

Aphephosmophobie

Angst vor der Berührung durch andere Lebewesen; eine Form der Berührungsangst

Arachnophobie

Angst vor Spinnen

Astraphobie

Angst vor Blitz und/oder Donner

Aviophobie

Angst vor dem Fliegen

Coitophobie

Angst vor Geschlechtsverkehr

Gephyrophobie

Angst vor dem Betreten oder Überqueren von Brücken

Halitophobie

Angst, an Mundgeruch zu leiden

Mysophobie

Angst vor Unsauberkeit und Ansteckung durch Keime

Nomophobie

Angst, ohne Mobiltelefonkontakt zu sein

Oneirogmophobie

Angst vor feuchten Träumen (Träume mit sexuellem Inhalt)

Angeben mit Absonderlichkeiten der DDR-Sprache

- *Antifaschistischer Schutzwall* – Berliner Mauer
- *brettsegeln* – Windsurfen
- *Datsche* – Gartenhäuschen
- *Erdmöbel* – Sarg
- *Feierabendbrigade* – schwarzarbeitende Handwerker
- *geflügelte Jahresendfigur* – Engel
- *Krusta* – Pizza
- *Pappe* – Spitzname für Trabbi
- *Wurfspiel* – Darts
- *Volksschwimmhalle* – Hallenbad
- *Winkelement* – Fähnchen

Angeben mit Palindromen

Palindrome sind Wörter, die von vorn und von hinten gelesen werden können.

- Drehherd
- Hangnah
- Kajak
- Lagerregal
- Madam
- Reliefpfeiler

- Die Liebe ist Sieger, stets rege ist sie bei Leid
- Dreh mal am Herd!
- Eine güldene gute Tugend: Lüge nie
- Trug Tim eine so helle Hose nie mit Gurt?

Angeben mit Latein

- *carpe diem* – Nutze den Tag
- *coram publico* – vor aller Welt
- *cui bono?* – Wem nützt es?
- *ex nihilo nihil fit* – von nichts kommt nichts
- *docendo discimus* – durch Lehren lernen wir
- *errare humanum est* – Irren ist menschlich
- *Hannibal ad portas* – Hannibal ist vor den Toren (Es droht Gefahr)
- *mens sana in corpore sano* – gesunder Geist in einem gesunden Körper
- *pecunia non olet* – Geld stinkt nicht
- *panem et circenses* – Brot und Spiele
- *sine ira et studio* – ohne Zorn und Eifer
- *suum cuique* – jedem das Seine

Angeben mit Französisch

- *Accessoire* – Zubehör
- *Apanage* – regelmäßige materielle Zuwendung
- *Bredouille* – Bedrängnis
- *Caprice* – Einfall
- *Carte blanche* – unbeschränkte Vollmacht
- *Charmeur* – Verführer
- *Connaisseur* – Kenner
- *Demimonde* – Halbwelt, anrüchige Gesellschaft
- *Fasson* – Stil, Wesen
- *Filou* – Nichtsnutz, Schlitzohr
- *Flaneur* – Spaziergänger
- *Gourmand* – Vielfraß
- *Hommage* – Huldigung

- *Jargon* – spezieller Wortschatz
- *Kanaille* – Schwein
- *Laissez-faire* – Lockerheit, Gewährenlassen
- *Liaison* – Verhältnis
- *Livrée* – uniformartige Arbeitskleidung für Diener und Butler
- *Malheur* – Missgeschick
- *Marotte* – Eigenart
- *Ménage-à-trois* – Dreiecksverhältnis
- *Mon dieu* – Mein Gott!
- *Necessaire* – Kulturbeutel
- *nonchalant* – formlos, ungezwungen
- *Odeur* – Wohlgeruch
- *Offerte* – Angebot
- *Pendant* – Gegenstück
- *Petitesse* – Kleinigkeit

- *Potpourri* – Mixtur
- *Raffinesse* – Gewieftheit, Schläue
- *Räsonnement* – Überlegung
- *Salär* – Lohn
- *Sujet* – Thema
- *Timbre* – Klangfarbe
- *Tirade* – Wortschwall
- *Tranche* – Abschnitt
- *Voilà* – Siehe da!
- *vis-à-vis* – von Angesicht zu Angesicht

Angeben mit ärztlichen Fachbegriffen

Ablation

Chirurgische Entfernung eines Körperteils

»Offenbar hat man bei Ihnen eine Zerebralablation vorgenommen, Herr Wachtmeister.«

Abszess

Eiteransammlung in einem durch Gewebszerstörung entstandenen Hohlraum

Abulie

Antriebsschwäche

»Leider kann ich heute nicht ins Büro kommen. Ich leide unter akuter Abulie.«

Adipositas

Übergewicht

»Die Person im grünen Kleid erscheint mir adipös.«

anaphylaktischer Schock

Lebensbedrohliches Zustandsbild mit Juckreiz, Atemnot und Kreislaufschock, hervorgerufen durch eine allergische Reaktion

Angiologie

Wissenschaftsgebiet, das sich mit den Blutgefäßen und deren Erkrankungen beschäftigt

Antihypertensiva

Sammelbegriff für blutdrucksenkende Arzneimittel

Aphasie

Sprachstörung, z. B. durch einen Schlaganfall

Apoplex/Apoplexie

Plötzliche Durchblutungsstörung eines Organs oder einer Körperregion, Schlaganfall

Arteria carotis

Halsschlagader

Arrhythmie

Herzrhythmusstörung

Atrophie

Gewebeschwund

»Ich hätte dich fast nicht erkannt, Ursula. So schlank, fast atrophisch.«

Biopsie

Entnahme einer Gewebeprobe zur mikroskopischen Untersuchung

Dekubitus

Druckgeschwür/Wunde infolge einer Minderdurchblutung der Haut (z. B. durch Wundliegen)

Dysplasie

Fehlbildung

Embolie

Verschluss eines Blutgefäßes durch ein Blutgerinnsel, z. B. Lungenembolie

Fraktur

Knochenbruch

Hämatom

Bluterguss im Rahmen einer Verletzung oder infolge einer Behandlung mit gerinnungshemmenden Medikamenten

Hypertonie

Bluthochdruck

Hypotonie

Niedriger Blutdruck

Inkontinenz

Unvermögen, Harn oder Stuhl zurückzuhalten

invasiv

In den Körper eindringend,
z. B. durch eine Operation

Konsiliarius

Ein zur Beratung hinzugezogener Arzt

Laparoskopie

Bauchspiegelung

nosokomial

Im Krankenhaus erworben

Ödem

Wasseransammlung im Gewebe

Ösophagus

Speiseröhre

Pädiatrie

Kinderheilkunde

Pankreas

Bauchspeicheldrüse

Perfusor

Pumpe zur Dosierung von Medikamenten
in die Blutbahn

Phlebologie

Lehre von den Erkrankungen der Venen

Pneumonie

Lungenentzündung

pulmonal

Die Lunge betreffend

Sepsis

Blutvergiftung

Sklerose

Verhärtung eines Organes oder eines Organteiles

Somnolenz

Schläfrigkeit, Bewusstseinstrübung

Sonografie

Untersuchung des Körperinneren mit Ultraschall

Stenose

Einengung, z. B. von Adern, Speiseröhre, Harnröhre

subkutan

Unter die Haut

Thrombus

Blutgerinnsel, Propfen

Tracheotomie

Luftröhrenschnitt

viszeral

Die Eingeweide betreffend

zerebral

Das Gehirn betreffend

Zöliakie

Glutenunverträglichkeit

Zyste

Gewebehohlraum mit flüssigem Inhalt

Sprichwörter, in Angeberslang umformuliert

»Die Expansion der interranen Tuberose steht in inverser Proportionalität zur intellektuellen Kapazität des kultivierenden Agrarökonoms.«

»Die dümmsten Bauern haben die dicksten Kartoffeln.«

»Minimale Dedikationen prolongieren die Permanenz interpersonaler Relationen.«

»Kleine Geschenke erhalten die Freundschaft.«

»Ballistische Experimente mit kristallinem H_2O auf dem Areal der pädagogischen Institutionen unterliegen striktester Prohibition!«

»Das Werfen von Schneebällen auf dem Schulhof ist verboten.«

Unübersetzbare Wörter, die es nur in einer Sprache gibt

Age-otori (Japanisch)

Das Gefühl, man sieht nach einem Haarschnitt blöder aus als vorher

Aidzuchi (Japanisch)

Geräusche bei einer Unterhaltung machen, die indizieren sollen, dass man dem Gespräch interessiert folgt

Akihi (Hawaiianisch)

Sofort wieder vergessen, welchen Weg man nehmen sollte, nachdem man es gerade erklärt bekommen hat

Bakku-shan (Japanisch)

Hübsches Mädchen, solange man sie nur von hinten gesehen hat

Chrysalism (Englisch)

Die Ruhe inmitten des Gewitters

Curglaff (Schottisch)

Das schockierende und belebende Gefühl, plötzlich in kaltes Wasser einzutauchen

Esprit de l'escalier (Französisch)

Eine witzige Entgegnung, die einem in den Sinn kommt, aber eben leider erst nach *einer Interaktion, wenn man die Treppe hinuntergeht*

Feierabend (Deutsch)

Festliche Stimmung, die am Ende eines Arbeitstages entsteht

Gemütlichkeit (Deutsch)

Ein Gefühl von Komfort, Behaglichkeit und Wohnlichkeit

Gökotta (Schwedisch)

Früh aufwachen, mit dem Ziel nach draußen zu gehen und die ersten Vögel singen zu hören

Gratrunka (Schwedisch)

Masturbieren, während man gleichzeitig sehr traurig und weinerlich ist

Heimscheißer (Deutsch)

Jemand, der sein großes Geschäft vornehmlich zu Hause erledigen möchte

Iktsuarpok (Inuktitut, die Sprache der Inuit)

Der Gang vor die Tür oder der Blick aus dem Fenster, um zu überprüfen, ob die Person auf die man sehnsüchtig wartet, endlich gekommen ist

Kalsarikännit (Finnisch)

Sich zu Hause in der Unterhose betrinken und keine Anstalten machen, das Haus zu verlassen

Kenja (Japanisch)

Der Zeitraum direkt nach dem Orgasmus, in dem der Mann frei von sexuellen Gedanken klar denken kann

Komorebi (Japanisch)

Sonnenlicht, das durch Blätter fällt und gefleckte Schatten wirft

Kummerspeck (Deutsch)

Das Gewicht, das man zulegt, wenn man zu viel isst, weil man traurig ist

Mangaia (Schwedisch)

Die Reflektion des Mondes im Wasser, die an eine Straße erinnert

Mamihlapinatapai (Yagan)

Ein Blick zwischen zwei Menschen, der große, gegenseitige Lust zum Ausdruck bringt, die aber unausgesprochen bleibt

Mannvaasanai (Tamil)

Der Duft des Regens auf trockener Erde

Mokita (Kivila)

Eine Wahrheit, die jeder kennt, aber – aus Mitleid – niemand ausspricht (vielleicht ist jemand untreu oder bankrott oder hat seine Arbeit verloren)

Péchcha (Punjabi)

Wettbewerb zwischen zwei Männern, die das gleiche Pissoir benutzen, um festzustellen, wer länger pinkeln kann

Pisanzapra (Malaiisch)

Die Zeit, die man benötigt, um eine Banane zu essen

Poronkusema (Finnisch)

Die Distanz, die ein Rentier zurücklegen kann, bevor es eine Pause einlegen muss

Schnapsidee (Deutsch)

Lächerlicher Plan, der häufig nach Alkoholkonsum entsteht

Tartle (Schottisch)

Der Moment des Zögerns, wenn man jemanden trifft, dessen Namen man vergessen hat

Tingo (Pascuense, der Dialekt, der auf den Osterinseln gesprochen wird)

Stufenweise den Haushalt des Nachbarn übernehmen, indem man sich etwas ausleiht und es nicht zurückgibt

Verschlimmbessern (Deutsch)

Versehentlich etwas schlechter machen bei dem Versuch, etwas zu verbessern

Weltschmerz (Deutsch)

Grundlose Melancholie

Zalatwic (Polnisch)

Der Auftrag wird erledigt werden, aber fragt bitte nicht, wie

Exportierte deutsche Wörter

... die es auch in den Wortschatz anderer Sprachen geschafft haben:

- Angst
- Autobahn
- Bildungsroman
- Blitzkrieg
- Doppelgänger
- Gemütlichkeit
- Glockenspiel
- Götterdämmerung
- Hausfrau
- Hinterland
- Kaffeeklatsch
- Kitsch
- Lager
- Poltergeist
- Rucksack
- Schadenfreude
- Sturm und Drang
- verboten
- Waldsterben
- Wanderslust
- Weltschmerz
- Wunderkind
- Wurst
- Zeitgeist

Weitgehend vergessene Wörter, mit denen man heute Eindruck schinden kann

- *affrontieren* – jemanden herausfordern, angreifen
- *allda* – ebenda, dort
- *allenthalben* – überall
- *Anfurt* – Hafen
- *anheischig* (sich anheischig machen) – sich erbieten, sich verpflichten
- *Bramarbas* – Prahler, Aufschneider
- *Ehrsamkeit* – Ehrbarkeit, Achtsamkeit
- *Eidam* – Schwiegersohn
- *erheischen* – erfordern, nötig haben, verlangen
- *großjährig* – erwachsen
- *knastern* – murren

- *konjizieren* – vermuten
- *Lustbarkeit* – Vergnügung, angenehmer Zeitvertreib
- *Maid* – Mädchen, junge Frau
- *Mamsell* – Haushalts- oder Küchenhilfe
- *Mime* – Schauspieler
- *Oheim* – Onkel
- *Schnurre* – kleine, heitere Geschichte, Anekdote
- *schockant* – anstößig, frivol
- *Schwadroneur* – Schwätzer, Klatschmaul
- *Stelldichein* – Zusammenkunft zweier Verliebter
- *weidlich* – reichlich, tüchtig
- *Wonnemond* – Mai
- *zuvörderst* – zuerst, in erster Linie

Register

Finis

(Angeberisch für Ende)